**Wiglaf Droste**
**Sprichst du noch oder kommunizierst du schon?**

W0001805

Wiglaf Droste, 1961 geboren, lebt in Berlin und unterwegs. Gemeinsam mit dem Stuttgarter Meisterkoch Vincent Klink gibt er die Vierteljahreszeitschrift »Häuptling Eigener Herd« heraus. Buchveröffentlichungen u.a.: »Im Sparadies der Friseure«, Tiamat, Berlin 2009. »Auf sie mit Idyll«, Tiamat, Berlin 2011.

Edition
TIAMAT
Deutsche Erstveröffentlichung
1. Auflage: Berlin 2012
© Verlag Klaus Bittermann
www.edition-tiamat.de
Buchumschlag unter Verwendung eines Bildes von
Nikolaus Heidelbach
ISBN: 978-3-89320-165-5

# Wiglaf Droste

# Sprichst du noch oder kommunizierst du schon?

## Neue Sprachglossen

**Critica
Diabolis
196**

**Edition
TIAMAT**

*per l'amore*

# Ömm ...

Schriftdeutsch täuscht. Das Wort, das in Deutschland am häufigsten gesagt wird, liegt in Schriftform gar nicht vor. Es heißt »Ömm ...«, und es ertönt, wo immer einer den Mund aufmacht: »Ömm ...« Manchmal heißt das Wort auch »Ääähm ...« oder »Öööh ...« oder »Äääh ...«, aber Platz eins der sinnlos von sich gegebenen Geräusche hält unangefochten: »Ömm ...«.

Besonders erstaunlich ist, dass »Ömm ...« das Lieblingswort von Leuten ist, die beruflich mit Sprache zu tun haben. Ein Schriftsteller beginnt seine Lesung mit »Ömm ...«. Die Fernsehmoderatorin begrüßt ihre Gäste mit »Ömm ...«, ein Germanist eröffnet ein Literaturfest mit »Ömm ...«, und der Nachwuchs hat es perfektioniert: Der Vorsitzende der »Jungen Liberalen« kommentiert den Rücktritt eines Bundespräsidenten, indem er in einem dreiminütigen Interview etwa fünfzigmal »Ääääh...«, »Ööh...« und »Ömm...« von sich gibt. Man kann schon die Rede schreiben, die er als Minister halten wird.

Es sind nicht die Kassiererin oder der Tankwart, die das Land mit »Ömm ...« kontaminieren; es sind die sogenannten Profis, die den Grund- und Grunzton der öffentlichen Rede bestimmen.

Wurde nicht einmal das Gebot »Du sollst nicht stammeln« erlassen? Nein? Dann wird es aber Zeit. Ein Experte für Wählerverhalten stellt seine Thesen vor; sie lauten »Ömm ...« und »Ömm ...«. Professoren diverser Disziplinen sitzen an einem künstlichen TV-Kaminfeuer und kommentieren das Weltgeschehen: »Ömm ...« – »Oh nein, Herr Kollege, es ist vielmehr ›Ömm ...‹«.

Warum sagen alle »Ömm ...«, wenn sie zu anderen sprechen? Was wollen sie ihnen oder sich selbst damit signalisieren? Begrüßenswert ist, wenn jemand erst denkt und dann spricht; so entstehen Momente des Schweigens und der Stille, die aber offenbar als unangenehm oder peinlich empfunden werden und zugeömmt werden. »Ömm ...« oder manchmal auch »Öööhm ...«: Das Geräusch hat etwas von Blöken, ohne aber die Musikalität zu entfalten, die einer Schafherde innewohnt.

In »Ömm ...« wird die menschliche Sprache zur Flatulanz; der Kopf lässt Luft ab, sonst nichts. Denn offenbar herrscht in ihm die Angst, dass sekundenkurzes nichts Sagen mit generellem Nichts-zu-sagen-haben verwechselt wird oder dass eine Redezeitlücke sofort von einem anderen dazu genutzt wird, dazwischenzufitschen und das Wort an sich zu reißen. Und so wird dann geömmt, damit statt der Rede ein Platzhaltergeräusch ertönt: »Ömm ...«.

»Im Anfang war das Wort«, heißt es in der Bibel; der Nachsatz »und das Wort hieß ›Ömmm ...‹« steht dort aber nicht.

# Angedacht

»Wir hatten das so angedacht«, sagt der junge Mann, und es fällt ihm dabei gar nichts auf oder ein. Im Gegenteil; er hält das für völlig normal und für eine selbstverständliche Redensart: »Wir hatten das so angedacht.« Wer aber behauptet, er habe »etwas angedacht«, teilt auf diese Weise mit, dass er sich nicht das Geringste gedacht hat, sondern wahllos alles an sich gerakt hat, was an Ideenfetzen gerade so herumschwirrte und das er nun mit großer Geste in den Ventilator wirft: »Wir hatten das so angedacht.«

Wer etwas »angedacht« hat, betreibt Brainstorming ohne Brain. Er unterzieht sich eben nicht der schönen Mühe eines Gedankens, sondern kratzt bloß eklektizistisch zusammen, was er zufällig aufgeschnappt hat und das diffus durch seine Birne wabert. Diesen Wirrsing schiebt er als Schwarzen Peter jemand anderem zu – »wir hatten das so angedacht und jetzt bist du dran« –, der die Sache aufdröseln und ihr Gehalt und Struktur geben soll. Wer »angedacht« hat, ist ein Denkfaulpelz oder ein raffinierter Schlaumeierdummkopf, der andere für sich arbeiten lässt und anschließend aber eine geistige Urheberschaft für sich reklamiert, für die ihm jegliche Voraussetzung fehlt. »Angedacht« kommt von Andenken, und die gibt es im Andenkenladen, auch Souvenir-Shop genannt. Genau da gehört das Vakuum ja auch hin, das sich als »angedacht« aufplustert und bläht.

Wenn einer sich mit der Drohung »Wir hatten das so angedacht« nähert, ist auch simple Dreistigkeit mit im Boot; wer sich arglos oder aus Unachtsamkeit mit »Angedachtem« ankobern und anheuern lässt, darf anschließend entfremdete Denkarbeit leisten für substanzfreie Windmacher, die nichts wissen außer dem Einen: wie man andere für sich arbeiten lässt und wie man »ein Projekt anschiebt«, das man zuvor »angedacht« hat.

Wenn man die Angeberstanze »Ich habe ein Projekt« ins Deutsche übersetzt, heißt sie: Ich will nicht arbeiten, aber gern darüber reden und vor allem andere dazu überreden, die eventuell anfallende Arbeit dann möglichst unbezahlt zu erledigen zugunsten dessen, der »das Projekt angedacht und angeschoben« hat. Wenn mehrere solcher Windeier und Blasebalge zusammenkommen, entsteht die größtmögliche denkbare Gedankenferne. Sie heißt Marketingabteilung.

# Geld oder Gelder?

Geld ist ein unbestimmter Begriff. Wenn einer sagt, er habe Geld dabei, kann es sich um einige Euros handeln oder um tausende davon. Man weiß es nicht, der Begriff Geld ist quantitativ vage. Klar ist allerdings, dass er einen Plural meint. *Ein Geld* gibt es nicht, außer in der Kinder- oder Scherzfrage:»Kannst du mir ein Geld borgen?«

Wenn aber von öffentlichem Geld zu hören oder zu lesen ist, bekommt dieses Geld einen Plural, den es sonst nicht hat oder benötigt: Gelder. Fördergelder, die beantragt werden, Gelder, die bewilligt worden sind, oder Gelder, die veruntreut wurden. Öffentliche Gelder sind offenbar etwas ganz anderes als privates Geld.

Nie hörte man in einem Krimi jemanden knurren:»Gib mir meine Gelder zurück!«,»Her mit den Geldern!«, »Gelder oder Leben!«, niemals den Seufzer »Schade um die schönen Gelder!« Auch der anerkennende Satz »Der verdient da gute Gelder« blieb bisher ungesagt, wobei auffällt, dass verdientes Geld offenbar »gut« ist, zerronnenes Geld durch anhaltenden Verlustschmerz aber sogar »schön« werden kann. Noch niemals wurde jemandem nachgesagt, dass er »richtige Gelder mache«, und in keinem Wirtshaus der Welt ertönte die bange oder auch nur geheuchelte Frage:»Hast du Gelder dabei? Ich habe meine Gelder zuhause vergessen!«

Wer hätte je behauptet, dass »Bargelder lachen«, dass »Gelder allein nicht glücklich machen«? Forderte Gunter Gabriel etwa »Hey Boss, ich brauch' mehr Gelder«? Auch unter der Belehrung durch ältere Menschen, dass fünf Mark »früher viele Gelder waren«, musste noch kein

Jüngerer leiden. Immer ist, wenn es um privates Eigentum geht, ausschließlich von Geld die Rede, niemals von Geldern, es sei denn, man spräche von der deutschen Stadt Geldern an der niederländischen Grenze.

Der private Mensch hat, braucht oder giert nach Geld; Geld will er, nicht Gelder. »Das ist mein Geld!«, sagt er und meint damit gewöhnlich: meinsganzalleins.

Kein Mensch wird dafür beneidet, »Gelder wie Heu« zu haben, kein Verlust »geht in die Gelder«, und selbst der derbste Volksmund unterstellt niemandem, nicht einmal dem Teufel persönlich, er könne »Gelder scheißen«, auch wenn das, gerade für die öffentliche Hand, eine gute Gabe wäre.

Beim öffentlichen Geld ist das anders; hier ertönt der Lockruf der Gelder, die man der öffentlichen Hand entnehmen kann: Gelder, die wiederum aus »Töpfen« stammen, in denen sie offenbar sehr altmodisch aufbewahrt werden. Wenn einer von Geldern spricht, meint er niemals sein Geld, sondern solches, das er sich vielleicht verschaffen kann, durch beantragen und bewilligt bekommen oder, wenn er den Bogen raus hat, durch veruntreuen.

Die Dreistesten unter der Sonne wandeln Gelder in Geld, parken es weg, zeigen dann vorwurfsvoll ihre leeren Taschen vor, reklamieren Hilfe für sich und fordern: Gebt uns Gelder, die uns zustehen, denn wir machen sie zu Geld! Und genau so geschieht es dann, immer und immer wieder.

Gelder sind öffentlich virtuell, Geld ist konkret und privat. Es heißt schließlich: Geld regiert die Welt. Und nicht: Gelder regieren die Wälder.

# Absolut affirmativ

»Absolut!«, erklärt mein Gegenüber im Brustton der Überzeugung, mit einer felsen- und feuerfesten Stimme, in der für keinen Unter- oder Zwischenton Platz ist, für keinen noch so leisen Zweifel. Jede Silbe wird einzeln und dezidiert gesprochen: »Ab-so-lut!«, da hört man das Ausrufungszeichen mit, da bleibt keine Frage offen.

Die uneingeschränkte Zustimmung beherrscht die Kommunikation. Die Formel »Absolut« kann rhetorisch variiert werden; dann wird sie ersetzt durch »Definitiv!«, durch »Perfekt!« oder durch das beispringende »Auf jeden Fall!«. Manchmal wird sogar alles zum Einsatz gebracht: »Absolut perfekt. Auf jeden Fall. Definitiv!« Der Affirmant reißt sich vor Begeisterung schier die Beine aus, und der Adressat bricht unter Beipflichtungsbeschuss zusammen. Wieviel Bestätigung kann ein Mensch vertragen, ohne dass sie in ihm den Eindruck erweckte, eventuell auch sarkastisch gemeint zu sein, ironisch oder spöttisch?

Offenbar jede Menge. Die meisten Menschen empfinden noch die durchsichtigste Zustimmung als angenehm, während sie sachliche Zweifel oft als generelle Skepsis gegenüber ihrer eigenen Person wahrnehmen. Psychologisch, also Sprache und Logik der Seele folgend, ist das so simpel wie einleuchtend: Die uneingeschränkt freudige Affirmation löst ihrerseits Freude aus; sie scheint den Eindruck von großer Klarheit und Souveränität zu erwecken. Wenn einer »absolut!« sagt und »definitiv!«, dann suggeriert er damit, dass er genau wisse, was er wolle. Stimmt das? Könnte nicht das Gegenteil der Fall sein?

Dass also einer, der bedingungslos Ja sagt, sich einfach nur anschließt, weil er keine eigene Haltung hat?

Muss man nicht eher argwöhnisch werden, wenn niemand mehr eine Frage hat oder einen Einwand? Doch wer nachfragt, wird schnell als »Bedenkenträger« und als »Bremser« diskreditiert. Wenn einfache Lösungen gesucht werden, sind Fragen nicht opportun. Es geht um Zustimmung, und zwar um hundertprozentige. In der Berliner Mundart heißt das: »Aba hundert pro, Alta!« Andere bemühen sogar gleich »tausend Prozent«, als ob maßloses Übertreiben eine vertrauensbildende Maßnahme wäre. Tausend Promille sind schon realistischer; »Absolut« ist ja auch der Name einer schwedischen Wodkamarke.

So sehr der modische Bestätigungsjargon der »Definitiv«-Sager auch am klaren Bewusstsein seiner Benutzer beziehungsweise seiner »User« zweifeln lässt, hat er doch immerhin anderes affiges Vokabular verdrängt. Die Zeiten, in denen fast alle Welt zustimmend »Touché!« sagte (und dabei meist auch noch einen Zeigefinger in Anschlag brachte), sind zum Glück verstrichen. Auch »d'accord!« oder, noch wichtigtuerischer, »Da bin ich voll d'accord!«, kommt nur noch so selten zur Anwendung wie die Wendung »Da gehe ich mit dir konform«. Die Konformgeherei hat einen so anzüglichen Ton, dass die Verballhornung zu »Da gehe ich mit dir kondom« nicht ausbleiben konnte.

In der zum Fernseh-Talk herabgesunkenen Kommunikation hat sich eine Floskel etabliert, die Affirmation mit Sensibilitätssimulation verbindet: »Da bin ich ganz bei Ihnen«, oder, noch schwüler und auf die Pelle rückender: »Da bin ich ganz bei dir.« Es klingt, als ob ein Intimitäter seinem Gegenüber eine absolut unerwünschte Hand aufs Bein legte. Aber definitiv.

# Sprichst du noch oder kommunizierst du schon?

Es war ein sonniger Tag Anfang Oktober, beim Ausflug in den Wald waren Bucheckern aus den Bäumen gefallen, unter denen Maronen und Steinpilze standen und sich einsammeln ließen. Es war wie im Paradies, großzügig schenkte die Natur ihre Gaben her, sie würden ja immer nachwachsen. Zurück in der Stadt nahmen wir in einem Gartenlokal den Aperitiv; als Wind aufkam, prasselten Kastanien auf die Tische, eine flog mir direkt ins Glas, das glücklicherweise nicht zersprang. Ich fischte sie heraus und knetete die Glückskugel in der Hand, während die anderen Gäste fluchtartig und fluchend den Garten verließen. Das freute mich, denn so gehörten die schimmernden schönen Bollern mir ganz allein.

Nachdem die Kastaniengier befriedigt war, spürten wir Hunger. Die Pilze würden wir selbstverständlich trocknen und als Konzentrate für Soßen mit Wumms verwenden, die Karte des Lokals las sich vielversprechend, und so zogen wir, als es kühl wurde, vom Garten in den Innenraum um, bekamen einen guten Tisch und bestellten ein kleines Menü. Der Wein wurde aufgetragen, am Nebentisch nahm ein Pärchen Platz, beide waren etwa Ende dreißig, sportlich, schlank und so angezogen, als wären sie von der Arbeit in einer Bank oder einer Agentur direkt zum Essen gefahren.

Der Mann, dessen kantiges Gesicht nicht dumm wirkte, legte ein i-Pad auf den Tisch. Seine Begleiterin zog eine Braue hoch, lächelte und sagte mit mildem Spott in der Stimme: »Hast du dir noch Arbeit aus dem Büro mitgebracht?« Sie sagte nicht »Schatz«, aber diese tödliche Vokabel schwang im Unterton doch mit.

Der Mann lächelte zurück. »Nein«, sagte er schnell, »ich muss nur ganz kurz nochmal etwas nachschauen«, woraufhin er sich an seinem elektronischen Gerät zu schaffen machte. Unterdessen kam der Kellner mit den Speise- und Weinkarten; die Frau bestellte vorab zwei Gläser Champagner, der Mann sah flüchtig hoch, lächelte, sagte »wunderbar« und vertiefte sich wieder in den Computer.

Leichte Neugierde erfasste mich. Wie würde das Spiel nebenan ausgehen? Würde der Mann seinem digitalen Zwingzwang widerstehen und sich in die wirkliche Wirklichkeit begeben? Der Champagner kam, die beiden stießen an, und als der Mann seinen Blick aber sogleich in die Elektronik senkte, verkniff die Frau sich nicht die Phrase von den »sieben Jahren schlechtem Sex«, die sein Verhalten nach sich ziehen werde.

Schade, dachte ich; der Tadel ist ja berechtigt, aber warum so schwach formuliert? Der Spruch ist doch längst ausgeleiert und verbraucht – und wurde vielleicht auch gar nicht mehr als Drohung empfunden? Vielleicht fand der Mann Sex schon länger als sieben Jahre schlecht, oder ihm gefiel Elektronik sowieso besser? Es gibt Männer, bei denen das so ist; in Kontaktanzeigen nennen sie sich dann »jung geblieben«, was soviel heißt wie stehengeblieben.

»Der macht i-Petting«, flüsterte meine Süße über unseren Tisch. »Der hat mit seinen Händen seit Wochen keine Haut mehr berührt – nur Benutzeroberflächen.« Sie schüttelte sich. Am Nebentisch wurde der »Gruß aus der Küche« serviert, das »amuse bouche«, wie der Kellner mit Betonung sagte.

Notgedrungen hob der Mann sein i-Pad, um dem Teller Platz zu machen und lehnte es gegen ein Tischbein. »Lass es dir schmecken«, sagte die Frau; ihr Lächeln war ein paar Grade wärmer geworden und lag jetzt bei kurz unter Null. »Sie taut auf«, flüsterte meine Liebste. »Oder ab«, flüsterte ich zurück. »Bei Gefrierfächern heißt es abtauen.«

Nebenan klingelte ein Telefon. Der Mann riss es aus der rechten Seitentasche seines Jacketts, kuckte, sprach hastig hinein, sprang vom Tisch auf und lief nach draußen. Der Teint der Frau fror wieder an, knisternd wie harschiger Schnee; als der Mann nach einer Minute zurückkam, legte er das i-Phone, denn um ein solches handelte es sich, rechts neben seinen Teller. »Sorry«, sagte er. »Ging nicht anders.«

Die Frau sagte nichts, das Gewicht ihres Schweigens stand im Raum. Ein weiteres Telefonsignal ertönte; der Mann zerrte ein zweites Gerät hervor, diesmal aus der linken Jacketttasche, und lief abermals aus dem Raum. Als er nach einer guten Minute zurückkehrte, hob er entschuldigend die Arme Richtung Arktis; dann setzte er sich und legte i-Phone Nummer zwei links neben seinen Teller.

Die Vorspeise wurde aufgetragen; beide aßen schweigend. Dann schob der Mann seine Hände über die Geräte und begann sie zu befummeln. Die Frau schenkte ihm zwei Eiszapfen, die eigentlich gut zwanzig Zentimeter aus seinem Rücken hätten herausragen müssen. »Er scrollt, sie grollt«, flüsterte die Süße und kicherte so leise sie gerade noch konnte.

Die Frau am Nebentisch nahm ihr Weinglas in die rechte Hand, hielt es an ihr rechtes Ohr und sagte in zuckersüßem, geeistem Ton: »The number you've dialled is temporarily not available.« Sie stand auf und ging zur Garderobe, groß, kühl und kerzengerade.

Der Mann ließ von den i-Phones ab, blieb aber sitzen. Sein Gesichtsausdruck war eher panne als verzweifelt, als er der Frau hinterhersah. Sie verließ das Restaurant, er starrte zur Tür.

Die öffnete sich nach einer halben Minute wieder. Ein Zeitungsverkäufer kam herein. Bevor der Kellner ihn abwimmeln konnte, hielt er verschiedene Blätter hoch. Auf den Titelseiten war das Piktogramm eines angebissenen Apfels zu sehen, in den Schlagzeilen konnte ich die Worte »Schöpfer« und »Steve Jobs« erkennen.

Der Mann am Nebentisch verlor die Fassung. »O mein Gott, Steve«, schluchzte er auf, »was soll nur werden aus der Welt ohne dich und deine Geräte?« Ich begriff, dass er die Nachricht längst online erfahren haben musste und sich auch deshalb so authentisch autistisch betrug.

Die Süße jedoch betrachtete ihn ungerührt und gab dem Ober ein Zeichen zum Zahlen. »Wenn man schon unnötigerweise mit Gott und der Schöpfung angelatschert kommt«, sagte sie entschieden, »dann handelt es sich immer noch um das Märchen von Adam and Eve; von Steve war nie die Rede.«

Wir gingen in die Nacht; wieder prasselten Kastanien aus den Bäumen, das Geräusch entführte mich in die Kindheit. Als ich eingeschult wurde; nannte man Erstklässler »I-Männchen« oder »I-Dötze«; analog wäre der digitale Mann vom Nebentisch ein i-Männchen. Ich zog die Süße und das Schlusswort an mich: »No matter what they brabbel, what they cry, es gibt die Welt nicht für 'nen Apple und 'n i...«

Am nächsten Tag schrieb ich diese Geschichte auf, mit einem MacBook Air.

# Knirschschiene
## Ein Sprechversuch

Manchmal muss der Mensch noch nachts im Schlaf die Zähne zusammenbeißen, seine jüngere oder ältere Vergangenheit zermahlen und herunterkauen, was ihn bedrückt. Mit gewaltiger Kilopondstärke presst er seine beiden Zahnleisten aufeinander ... und knirscht. Das Geräusch, das er auf diese Weise erzeugt, ist ähnlich angenehm wie das Quietschen von Kreide auf einer Tafel oder das Knarren einer Tür im Gruselfilm.

Wenn das nächtliche Zähneknirschen zum Regelfall wird, muss der Knirschmensch eine Zahnarztpraxis aufsuchen; der Zahnschmelzabrieb beim Knirschen ist enorm, das Gebiss wird in Mitleidenschaft gezogen, und um die autogene Zahnerosion zu stoppen, verpasst der Dentist seinem Knirschpatienten eine Knirschschiene.

Knirschschiene ist ein Wort, das sich schon ohne Knirschschiene im Mund nicht ganz leicht sprechen lässt. Für Knirschschienenträger ist es härteste Mundarbeit. Tschwei esch-tsche-ha schtoschen mitten im Wort aufeinander; esch bedarf der Kontschentratschion, damit dasch Wort Knirschschiene nischt tschwischen den Tschähnen schteckenbleibt.

Wenn ein auschgewakschener Mentsch mit Knirschschiene sprischt, entfaltet djeine Rede den Tscharme kindlischer Tschahnschpangenträger. Mit einer Knirschschiene im Mund über Knirschschienen tschu schpreschen, djorgt für grosche Freude beim Tschuhörer, und wenn deschen Lachen ohne fiejen Ton und der Knirschschienenträger ein Mentsch mit Humor ischt, entfaltet djisch beiderseitsch ein groschesch Vergnügen an Spreschherauschforderungen.

Eine Klangverwandte der Knirschschiene ischt die Kirschschnitte. Weit weniger gern geschehen ischt die Fischschuppe, die nischt nur in der Fischsuppe als schtörend empfunden wird.

In Wald und Flur wird mantscher Hirschschaden angerischtet, wofür die eine oder andere Hirschfleischscheibe tschu entschädigen vermag. Vom Tschweinebraten bleibt die Lutschschwarte übrisch, in Djugoschlawien ischt dasch Putschschaschlik ein Volkschgerischt.

Der Haschischschnorrer hat djogar drei esch-tsche-ha tschu bieten, macht djisch aber trotschdem unbeliebt; im Borschtsch werden die beiden esch-tsche-ha dursch ein te getrennt, wasch ihn für Knirschschienensprescher womöglisch djogar noch anschpruschsvoller macht; auch mit dem Tschultschwäntscher ertschielt er schöne Ergebnische. Die Reporter von Prominentschbreittretungschmagatschinen kann man alsch Klatschschwadronen betscheischnen, die jisch wiederum ausch Tratschschwadroneuren rekrutieren, die etwasch grob geschagt ihren Arschschnabel nischt halten können.

All dasch wäre mir niemaltsch in den Djinn gekommen, wenn esch keine Tschähneknirscher und keine Knirschschienen gäbe, und dasch wäre doch einfach tschu schade...

Mantschmal musch der Mentsch noch nachtsch im Schlaf die Tschähne tschuschammenbeischen, jeine jüngere oder ältere Vergangenheit tschermahlen und herunterkauen, wasch ihn bedrückt. Mit gewaltiger Kilopondschtärke prescht er jeine beiden Tschahnleisten aufeinander ... und knirscht. Dasch Geräusch, dasch er auf diese Weise ertscheugt, ischt ähnlisch angenehm wie dasch Quietschen von Kreide auf einer Tafel oder dasch Knarren einer Tür im Grujelfilm.

Wenn dasch näschtlische Tschähneknirschen zum Regelfall wird, musch der Knirschmensch eine Tschahn-

artschtprakschisch aufjuchen; der Tschahnschmeltsch-
abrieb beim Knirschen ischt enorm, dasch Gebisch wird
in Mitleidenschaft getschogen, und um die autogene
Tschahnerojion tschu stoppen, verpascht der Dentischt
jeinem Knirschpatschienten eine Knirschschiene. Und
dann geht dasch immer scho weiter ...

# Burnout für alle

*dem großen schottischen Dichter Robert Burnsout gewidmet*

Nachdem *Zeit*-Chefredakteur Giovanni di Lorenzo dem Medien- und Machtstrizzi Karl-Theodor zu Guttenberg das Büßerhemd maßgeschneidert hatte, auf dass Deutschland künftig auf einen eigenen Berlusconi nicht länger würde verzichten müssen, fühlte er sich ein wenig ermattet. Außerdem war er von der langen Quakelei durstig geworden, doch wie es so geht bei unseren topcreativen Blattmachern, erwuchs di Lorenzo der etwas lasche Daseinszustand sofort wieder ins Produktive. »Ich bin müde, hab' auch Brand, bin ich etwa ausgebrannt?«, formulierte der alerte Medienmann quasi druckreif, und so titelte die *Zeit*: »Noch jemand ohne Burnout?«

Wer aber will das wissen? Burnout ist als Thema ziemlich ausgebrannt und ausgeleiert, ausgebrannt sind quasi alle, zumindest, wenn es sich um Männer handelt, noch dazu um ganz wichtige. Frauen und Memmen leiden unter Depressionen, Männer haben Burnout. Im Gegensatz zum Drückebergerdepressiven hat sich der Burnoutler seinen Zustand hart erarbeitet. Wer Burnout hat, der hat vorher gekämpft! Ist »ans Limit gegangen«, hat »sein Potential abgerufen« und »seine Leistung gebracht«, hat sich »ausgepowert« und sich »weiter optimiert«, solange »noch Luft nach oben« war. Wenn ihm die aber doch einmal ausging, hat er »mental an sich gearbeitet« und sogar auf eigene Kosten einen »Motivationstrainer« beschäftigt, um nicht schlappzumachen.

Irgendwann kommt trotzdem der Befund,
der ihn restlos aus den Schuhen haut:
Die Fassade zwar wirkt noch gesund.
Doch dahinter flüstert's schon: Burn out, Burn out...

Ohne Burnout geht nichts mehr bei Männern, Vattiland ist ausgebrannt. Niemand, dem es schlecht genug geht, wenn er ausgelaugt ist, erschöpft, fix und fertig, völlig alle, so richtig durch oder der einfach nicht mehr kann. Nein, das reicht nicht, das ist für Weichlinge und vor allem überhaupt nicht auf der Höhe der Zeit. Ins modisch-idiotische Nirwana wegformuliert klingt das so: »Depression war gestern. Jetzt ist Burnout.«

Wenn nicht sogar Burnout-Syndrom, denn Syndrom ist immer gut: Velodrom, Motodrom, Tempodrom, Burnoutsyndrom. In einem »Asterix«-Band wären das prima Vornamen, ähnlich wie in »Asterix und die Normannen«, in dem die Krieger aus dem Norden Maulaf heißen, Dompfaf oder Ganzbaf, und in dem es ja auch um Psychologie geht, also um Angst.

Burn out, mein Herz, und suche Freud...

# Or und Ar und Schlecker
## Wie man Drogerieketten abstreift

Sprachliche Überempfindlichkeit kann Schaden verhüten; so wie eine empfindliche Nase die Zusichnahme schlechter Nahrung verhindert, so kann auch ein gut ausgebildetes Trommelfell vor der Verletzung der innen angrenzenden Organe schützen. Jedenfalls habe ich es ausschließlich meiner Sprachidiosynchrasie und meiner Phantasie zu verdanken, dass ich niemals eine Filiale der Drogeriemarktkette Schlecker betrat. Die Vorstellung, jemand könne sich ausgerechnet bei Schlecker mit Toilettenpapier eindecken, ist entsetzlich und geradezu erbrechenmachend.

Irgendwann las ich einen Boykottaufruf gegen Schlecker; es ging um den Vorwurf, die Direktion der Firma lasse Angestellte bei der Arbeit ausspähen und bespitzeln. Mich musste man mit dieser bösen Geschichte nicht zum Schlecker-Boykott agitieren, ich ging ja ohnehin nicht hin – würde aber, ebenfalls aus rein sprachlichen Gründen, niemals »Schlecker? No way!« oder »Schlecker ist ein No go!« sagen.

In der Marketingabteilung von Schlecker scheint man von den positiven Wirkungen negativer Werbung überzeugt zu sein; anders ist die Parole »For you. Vor Ort« schwer zu erklären. Man muss die Kurzwörter nur einmal halblaut vor sich hin sprechen: »For you. Vor Ort«, dreimal »or« in vier Silben, das klingt nach Mordor und den Orks.

Ausgedacht hatte sich den mundbrecherischen Slogan

eine Werbeagentur Grey; beauftragt und bezahlt von der neuen Schlecker-Generation: Meike und Lars Schlecker, den Nachfolgern ihres Vaters Anton Schlecker, dem Begründer der Schlecker-Dynastie im schwäbischen Schleck-, nein: Ehingen. Mit der »For you. Vor Ort«-Kampagne, so ließen die Schlecker-Youngsters einen Unternehmenssprecher verkünden, ziele Schlecker speziell auf Kunden der »niederen bis mittleren Bildungsniveaus«.

Dabei kann doch jedes Kind die Worte For you, vor Ort, Toilettenpapier und Schlecker kombinieren und feststellen: Der Name Schlecker ist eine Abkürzung. Vorne fehlen ein A und ein r, dann stimmt's. Es gibt viele Gründe, Filialen der Firma Schlecker zu meiden; mir reicht dieser.

# Weg oder runter?
## Eine Betrachtung des Brechens

»Dem *Tagesspiegel* sind zwei große Anzeigenkunden weggebrochen«, erzählt ein Kollege, und während er noch über die Folgen spricht, über den Niedergang der Presse im allgemeinen und über Entlassungen im besonderen, bin ich noch ganz im Wort: weggebrochen? Wie muss ich mir das vorstellen, wenn Anzeigenkunden wegbrechen? Wohin brechen sie weg? Brechen sie durch den Boden, oder erbrechen sie sich?

Jedenfalls wird viel weggebrochen im Land. »Uns brechen hier die Leute weg«, sagt der Chef eines Kulturclubs, und nicht nur im Osten Deutschlands wird häufig die Klage erhoben, dass »viel Identität weggebrochen« sei.

Identität wegbrechen, wie geht das? Bricht die selbständig weg oder lässt sie sich willenlos wegbrechen? Und ist bei allem, was man von sich bricht, nicht immer auch eine Identität dabei, wenigstens »ein Stück weit«? Denn auch das wird tadel- und skrupellos weggesprochen: »Uns ist hier ein Stückweit Identität weggebrochen.« Man kann nur hoffen, dass ein ausreichend großes Gefäß zum Auffangen in Wegbrechnähe stand.

Später im Café höre ich eine Frau zu einer anderen sagen. »Theoretisch ist mir alles klar, aber ich muss noch lernen, das auf meinen Alltag runterzubrechen.«

Runterbrechen? Wie bricht man etwas runter? Zerbricht man es in kleine Stücke, die dann herunterfallen? Hat runterbrechen mit Bruchrechnen zu tun? Oder mit einem Leben als Bruchpilot? Trifft das, was einer runterbricht, auf das, was weggebrochen ist? Oder kann man das, was zuvor weggebrochen ist, dann auch noch runterbrechen, und wenn ja, auf was? Kann man eine weggebrochene Identität auf den Alltag runterbrechen? Wie sähe das aus? Wie fühlte sich das an? Und wie röche das?

Es gibt reichlich zu brechen in Deutschland, sei es nun weg, runter oder rade, und deshalb muss man manchmal dringend aufbrechen. So vieles ist schon weggebrochen, nur radegebrochen hat noch nie jemand, das wäre ja falsches Deutsch; richtig heißt es geradebrecht und kann gerade auf Brecht nicht runtergebrochen werden.

# Abgeholt und mitgenommen

Man solle »die Sorgen und Nöte der Menschen ernstnehmen«, sagt ein Politiker und ergänzt eindringlich: »Wir müssen die Menschen abholen!« Einer seiner Kollegen nimmt den Faden auf und fordert: »Wir müssen die Menschen mitnehmen!«

Wenn man als einer von »den Menschen«, über die stets im Plural gesprochen wird, nicht weghört, kann man sich fragen: Wer sind eigentlich diejenigen, die sich immerzu »wir« nennen? Und wer sind »die Menschen«, von denen sie reden? Es muss sich jedenfalls um zwei voneinander ganz verschiedene Gruppen handeln, zwischen denen es keine Verbindung gibt und von denen die erste aus aktiven und die zweite aus passiven Mitgliedern besteht. Die einen holen ab und nehmen mit, die anderen werden »die Menschen« genannt, abgeholt und mitgenommen. Sie sind Objekte und werden verwaltet. Aber haben sie darum überhaupt gebeten?

Wer über »die Menschen« spricht, legt damit nahe, dass er selbst etwas anderes sei. In dem kleinen Wort »die« liegt etwas Trennendes, Distanzierendes und auf Fremdheit Verweisendes. Auf der einen Seite steht das handelnde »Wir«, auf der anderen stehen nicht Menschen, sondern im Gegenteil eben »die Menschen«. Sie wurden auch schon »die Menschen draußen im Lande« genannt, was nicht ohne Rätselkraft ist: Wer »im Lande« ist, befindet sich drinnen und soll dennoch draußen sein? Und wo befindet sich derjenige, der alle anderen »draußen im Lande« wähnt? Drinnen vor der Tür?

Wer die Sprache der Politik auch nur halbwegs ernst

und für voll nehmen will, kollidiert schnell mit der Logik, gewinnt aber Erkenntnis über das Selbstverständnis der Sprechenden. Die Mitglieder der »politische Klasse« genannten Kreise sind ohne jeden Zweifel davon überzeugt, dass ihnen Definitionsmacht und Handlungsmandat zustehen: Sie repräsentieren diejenigen, die sie wie mit einem Gummihandschuh über der Zunge als »die Menschen« bezeichnen, sie sprechen in ihrem Namen und agieren für sie.

Die Frage, ob sie dazu legitimiert worden sind, stellt sich ihnen nicht mehr; sie halten sich für gewohnheitsrechtlich ermächtigt. Wer bestimmt, was er mit »den Menschen« tun muss, ohne sie gefragt zu haben, ob ihnen das überhaupt recht ist, hat das Prinzip der Entmündigung anderer längst verinnerlicht, es ist ihm zur Selbstverständlichkeit geworden. Wer »die Menschen abholen« oder »mitnehmen« muss, als chauffiere er einen Schulbus, hat sich von denen, über und für die er spricht, ohne jemals mit ihnen zu sprechen oder ihnen zuzuhören, längst so weit entfernt, dass er weder sie noch den Vorgang des Sichentfernthabens überhaupt wahrnimmt.

Wenn einer über »die Menschen« spricht, weiß man, dass er mit realen Menschen keinen Kontakt hat, sondern nur mit seinesgleichen, mit denen er über andere bestimmt. Die Politiker- und Medienformulierung »die Menschen« meint eben nicht Menschen, sondern eine amorphe, mundlos dumpfe Masse. Der Versuch, mit Sprachmenschelei humanes Interesse zu simulieren, ist durchsichtig. »Die Menschen« ist reiner Verfügungsjargon; die Steigerung »die Menschen haben ein Recht darauf« legt sogar nahe, der Sprecher könne Rechte worauf auch immer gewähren oder entziehen. In der Formel von »den Menschen« offenbart sich ein Selbst-, Welt- und Menschenbild, das sich so teilnahmsvoll und egalitär gibt, wie es gleichgültig und hochmütig ist.

# »Ich und viele andere Menschen«
## Der Präsident, ein Herzchen

Kaum dass Joachim Gauck wusste, dass er nun doch, im zweiten Anlauf, zum Präsidenten gemacht werden sollte, kehrte er sein Inneres nach außen: »Mir ist wichtig, dass die Menschen wieder lernen, dass sie in einem guten Land leben, das sie lieben können«, sprach der Theologe, und man wusste, was die Uhr geschlagen hatte. Die eigene Wahrnehmung und Analyse der Verhältnisse, in denen man lebt, bedeuten nichts. »Die Menschen«, über denen turmhoch der Pfarrer Gauck steht, müssen von ihm lernen, wo sie leben. Das gilt nicht nur für Inländer. Gauck hat Europa zum »besten Ort der Welt« erklärt. Ob er das auch den armen Bewohnern der anderen Kontinente mitteilen wird, die er demnächst heimsuchen wird? Oder kennt er einfach nur nichts anderes?

Fast ein bisschen wehmütig dachte ich an Gustav Heinemanns so klugen wie charmanten Satz »Ich liebe nicht den Staat, ich liebe meine Frau.« Zu der Zeit war Heinemann amtierender Bundespräsident, zu billigen patriotischen Bekenntnissen ließ er sich nicht erpressen, und obwohl er ein Mann der evangelischen Kirche war, hatte er notorischen Antikommunisten schon in den 50er Jahren entgegengehalten, »dass Christus nicht gegen Karl Marx gestorben« sei.

Solcher Scharfsinn ist von Joachim Gauck nicht zu erwarten. Er sei »mit einem gut begründeten Antikommunismus aufgewachsen«, erklärte Gauck, dessen Mutter 1932 und dessen Vater 1934 der NSDAP beigetreten waren. Dafür kann Gauck selbstverständlich nichts. Aber in diesem Zusammenhang ist sein Bekenntnis zu »einem gut begründeten Antikommunismus« ein brauner Akt des retrospektiven Gehorsams. Gauck ist auf einem Kreuzzug in die Vergangenheit unterwegs. Die Entspannungspolitik zwischen BRD und DDR setzt Gauck mit der »Appeasementpolitik« der Westmächte gegenüber Hitler gleich. Kein Wunder, dass ein solcher Hassprediger schon beim ersten Anlauf im Jahr 2010 der Kandidat von *Bild* war. »Yes we Gauck« trommelte *Bild am Sonntag*, und am 19. Februar 2012 hatten sich dem dann endlich alle wahlrelevanten Truppen angeschlossen. (Die Linkspartei hatte man gar nicht erst gefragt, und ihre Vertreter, statt sich über den Beweis, diesem Kartell nicht anzugehören, zu freuen, schmollten. Sie würden ja soo gerne dabeisein.)

Joachim Gauck wird allenthalben als »glänzender Redner« gefeiert, die *FAZ* attestiert ihm die »schönste Sprache«. Die klingt beispielsweise so: »Als Bürger der DDR haben ich und viele andere Menschen im ganzen Osten Europas Ohnmacht erlebt und trotz Ohnmacht Ähnliches geschafft: Es gibt ein wahres Leben im falschen.«

»Ich und viele andere Menschen« ist schon sehr schön gesagt, aber das »wahre Leben im falschen« ist sogar noch größenwahnsinniger, noch eitler. Im falschen Leben gibt es echte Flaschen, wie den Mann, der seit 1990 auf dem Bürgerrechtler-Ticket unterwegs ist. Der »Präsident der Herzen«, zu dem ihn *Bild* gekürt hat, ist ein Herzchen.

# Schiffsverkehr mit Bono Bongo

»Schiffsvakeeehr!« nölt und huuhlt es aus dem Radio. Nachdem das ärgste Ohrenbritzeln sich gelegt hat, höre ich noch einmal hin: »Schiffsvakeeehr!« Intuitiv ziehe ich die Schultern hoch bis fast zu den Ohren und stelle fest, dass diese schmerzhaft-verspannte Körperhaltung besonders geeignet ist, das Wort »Schiffsvakeeehr!« aus sich herauszuquetschen. Es ist physischer Schmerz nötig, um dieses Geräusch zu erzeugen: »Schiffsvakeeehr!« Herbert Grönemeyer ist eine Ganzkörperverspannung. Das erklärt auch seinen Erfolg: Es gibt so viele zerquälte Deutsche, und Grönemeyer ist ihr Sprachrohr: »Schiffs-vakeeehr!«

Eine Leserin fragt, wann der Betroffenheitsprofi Herbert Grönemeyer Profit aus der japanischen Nuklearkatastrophe ziehen und ob dann auch sein Bruder Dietrich Grönemeyer mit einem Medizinalratgeber partizipieren werde. In diesen Branchen kenne ich mich nicht aus, aber mein Kollege Ralf Sotscheck berichtet, dass der U2-Sänger Bono stante pede zum Fukushismatiker wurde und zügig begann, an einem Elend-Abgreif-Album herumzuwerkeln, mit dem er viel Gutes für die Opfer und noch mehr für seine eigene Bonität tun will.

Ralf Sotscheck, der in Irland lebt, bekommt über die irische Band U2 und ihren Chef mehr zu lesen und zu hören, als ihm lieb ist, aber er kennt auch schöne Geschichten über die Nervensäge Bono. Bei einem Konzert in Glasgow bat Bono das Publikum um absolute Ruhe. Dann begann er, in die Hände zu klatschen und sagte: »Jedesmal, wenn ich klatsche, stirbt in Afrika ein Kind.«

Woraufhin aus der Halle der Ruf erscholl: »Dann hör doch endlich auf damit!«, die beste mir bekannte Antwort, die man einem Gratismoralerpresser geben kann.

Bono, der das Gefühl für Peinlichkeit nicht kennt, schrieb an Captain Beefheart, der auf einem anderen musikalischen Planeten lebte als Bono und seine Spießgesellen, er könne doch gern einmal gemeinsam mit U2 auftreten. Captain Beefheart schrieb zurück: »Sehr geehrter Herr Bongo, ich weiß nicht, wer Sie sind, aber bitte schreiben Sie mir nicht mehr.« Allein dafür muss man den im Dezember 2010 verstorbenen Captain Beefheart in Ehren halten.

Während der sehr geehrte Herr Bongo weiter das benefizische Meer abgrast. Könnte er dabei nicht einmal mit Herbert Grönemeyer kollidieren, zum »Schiffsvakeeehr!«?

# Gestatten, Cello, Terrorist

Auf einem Berliner Flughafen spielt sich folgende Szene ab: Eine kleine zierliche Frau mit einem Cello in der Hand diskutiert mit dem Mann am Schalter der Fluggesellschaft, der Ausweispapiere von ihr verlangt. Im Frachtraum eines Flugzeugs kann einem empfindlichen Instrument viel Böses widerfahren, fürs Handgepäck ist ein Cello zu groß, also hat die Passagierin dem Cello einen regulären Sitzplatz kaufen müssen, und weil sie Musikerin ist und Etta Scollo heißt, hat sie den Platz neben ihrem eigenen auf den Namen Cello Scollo gebucht.

Cello Scollo, das klingt gut und ist lustig, aber Humor wird oft gar nicht oder nur ganz falsch verstanden. Der Mann hinter dem Schalter möchte nun zwei Ausweise sehen. Etta Scollo setzt ihm auseinander, dass es sich bei Cello Scollo um ein veritables Musikinstrument handelt, um ein Cello eben, und dass es für ein Cello keinen Ausweis gibt. Der Angestellte bleibt stur; nein, er muss und will auch den Ausweis von Cello Scollo sehen, Punkt.

Frau Scollo erklärt ihm die Sache noch einmal: dass sie, um das Instrument wohlbehalten von A nach B zu bringen, ein zweites Ticket gelöst habe. Und obwohl der Schaltermann ja sehen kann, dass es sich um eine Passagierin und um ein von ihr mitgeführtes Cello handelt, versteht er nicht oder will nicht verstehen und besteht statt dessen weiterhin darauf, die Ausweispapiere von Cello Scollo zu sehen.

Was beinahe wie ein eingeübter Sketch wirkt, ist vollkommen ernst gemeint; der absurde Dialog geht in die Endloswiederholungsschleife, nur die Lautstärke steigert sich kontinuierlich, und die energische Frau Scollo ist bei Stimme. Schließlich wird eine dem Schaltermann Vorgesetzte hinzugezogen, die sich die Angelegenheit kurz schildern lässt und zeigt, dass sie noch alle Gurken im Glas hat: sie lacht. Etta und Cello Scollo können unverzüglich ihre Reise antreten. Doch der biometrietaugliche Ausweis für Musikinstrumente wird kommen, die Sicherheitsparanoiker dieser Welt arbeiten daran.

Man muss nicht Etta Scollo heißen, um den Humor von Uniformträgern zu testen. Wenn einem danach ist, klemmt man sich ein Cello unter den Arm, geht zum Flughafen und kauft ein Ticket auf den Namen Cello, Vorname Violon. Der Rest geht dann ganz von selbst.

# Multitasking im Rollkofferkrieg

Das Wort Multitasking beschreibt die Fähigkeit, mehrere Dinge gleichzeitig zu tun. Männer, heißt es, seien beim Multitasking chronisch überfordert und könnten sowieso bloß stumpf das Eine, während es Frauen leicht falle, simultan mehrgleisig aktiv zu sein. Manche sprechen deshalb auch von Muttitasking, denn Mütter müssen agieren können, als seien sie mindestens siebenarmige Gottheiten oder Leuchter.

Die Wirklichkeit des Multitasking kann man in der Deutschen Bahn studieren, am besten in der ersten Klasse, wo die Elite des Landes beheimatet ist, die sich so oft als Alete entpuppt. Ein Mann im Geschäftsanzug steigt zu, seine rechte Hand umklammert den Griff eines gewaltigen Rollkoffers, in der linken hält er ein Mobiltelefon, in das er für alle vernehmlich hineinschreit, was er seine »Eckdaten« nennt: wo er sich gerade befindet, wie spät es ist, wo er hin möchte und wann er dort ankommen wird.

Das ist ja hochinteressant, denkt man bei sich, während der wichtige Mann gerade feststellen muss, dass sein Rollkoffer zu breit für den Gang zwischen den Sitzreihen ist und festhängt. Ungehalten zerrt der Rollkofferist an seinem Gerät; das nützt aber nichts, und so muss er sein Mobiltelefon wegstecken, mit beiden Händen und beleidigtem Gesicht seinen Koffer entklemmen und ihn zu einem Platz wuchten, wo er sich setzen und mit seinem Koffer den Gang vollstellen kann. Wie kann die Bahn es wagen, sein Breitreifenleben so einzuschränken?

Was hat er bloß in seinem Koffer? So wie er damit

hantiert, muss er zentnerschwer sein. Ist es in Deutschland Pflicht geworden, mit seiner toten Schwiegermutter im Gepäck zu reisen? Und ich habe das mal wieder verpasst? Ich habe ja gar keine Schwiegermutter, beruhige ich mich, aber so wie der Mann sich abrackert, hat er zum Ausgleich zwei davon. Und beide liegen tot in seinem Rollkoffer. Ich habe den Mann durchschaut: Er ist ein Bigamist und ein Doppelherzmörder.

Als könne der Mann meine Gedanken lesen, spricht er in sein Telefon. »Ach Schatz«, sagt er mit müder Stimme, »der Zug hat drei Stunden Verspätung, ich schaffe es nicht nach Hause, ich muss in Hannover übernachten.« Seine Stimme klingt enttäuscht und alt, er barmt noch ein bisschen, »ja, Schatz, es tut mir leid ... ich dich auch, Schatz«, und das Gespräch ist beendet. Zehn Sekunden später beginnt er ein neues, mit einer jungen, fast jugendlichen Stimme voller Elan und Freude: »Wir können uns sehen, Liebling, ja, in zwei Stunden bin ich da, o ja, ich freue mich auch, Liebling.« Und legt, sehr selbstgesättigt, das Telefon vor sich auf den Tisch.

Monogamie ist eine Ausnahme von der Regel, Ehebruch ist üblich, und mich geht das Ganze nichts an. Aber warum telefoniert der Mann so laut, dass alle anderen im Abteil alles mithören können, ja müssen? Braucht er Publikum? Glaubt er, man hielte ihn für einen ganz dollen Hecht, weil er ausposaunt, wie er als Amateurschauspieler den abendlichen Vollzug einstielt? Handelt es sich um einen jener Fälle von forciertem Talkshowexibitionismus, der keiner Talkshow mehr bedarf? Um Prahlhanselei im Endstadium?

Etwas später steige ich aus, eine Umhängetasche aus Leder über der linken Schulter und eine lederne Reisetasche in der rechten Hand. Der Bahnhof ist gestopft voll, und so gut wie alle Reisenden führen einen Rollkoffer mit sich, manche sogar zwei. Der Lärm, den sie damit produzieren, ist infernalisch; das Pflaster in Bahnhöfen, auf Flughäfen und auf der Straße ist nicht dafür geeignet,

Rollkoffer geräuschlos zu bewegen, und weil sie beim Gehen Krach erzeugt, muss die Rollkoffersorte Mensch brüllen, wenn sie sich mündlich oder fernmündlich verständigen will, und das will sie ja permanent und pausenlos.

Aber Rollkoffer sind bequem und praktisch!, ningelt einem die Rollkofferfraktion ins Trommelfell, laut natürlich, noch lauter als die Rollkoffer, die sie hinter oder neben sich herzieht, mit permanentem »RRRRRRRR«-Geräusch. All jenen, die an ihren Rollkoffern hängen, wie diese wiederum an ihnen hängen, sei gesagt: Pragmatismus ist die Wurzel aller Hässlichkeit.

Sein Trommelfell und die dahinter angesiedelten Organe sind dem Rollkoffermenschen egal; ein Kopf ist für ihn das Zeug, das man zum Telefonieren braucht und zum Glotzen, und in das man sich, bevorzugt ambulant und im Gehen, mit der rollkofferfreien Hand etwas zu essen hineinstopft, das mit einem Nahrungs- oder Lebensmittel möglichst nichts zu tun hat, also alles, was es an Bahnhöfen und auf Flughäfen gibt: frittierte Presspappe, gern bitte aber auch mit Salatblatt, der bewussten Ernährung wegen.

Es herrscht offener Rollkofferkrieg im Land, die Rollkofferarmee RollRollRoll marschiert, während die richtige deutsche Armee, die Bundeswehr, in Afghanistan einen richtigen Krieg führt, in den sie allerdings nicht mit Rollkoffern zieht und ausrückt, sondern mit Rucksäcken. Schließlich müssen Soldaten für ihre ganz spezifische Form des Multitasking beide Hände frei haben.

Erst wenn Soldaten in den Aggregatzustand »Held« versetzt werden, winkt ihnen der Rollkoffer nach Hause. Ihr oberster Dienstherr hat naturgemäß den größten Rollkoffer von allen. Er ist aus edlem Zink gemacht, und während sein Besitzer das riesige Trumm hinter sich her zerren lässt, spricht er mit Stentorstimme in die Kameras: »Ich bringe die deutschen Soldaten in ihre Heimat zurück.« Zu ihren toten Schwiegermüttern, nehme ich an.

# Plagiator II
## Guttenberg wird Film

Nach der Absetzung des Plagiators im politischen Theater wird das Leben von Karl-Theodor zu Guttenberg auch ein Film: »Plagiator II – Die Rückkehr« soll so schnell wie möglich ins Kino kommen. Produzent Til Schweiger, wegen seiner Stimme auch »Quäki ningelt wieder« genannt, trat allerdings Behauptungen entgegen, dass es sich bei dem geplanten Film um ein Abschreibungsprojekt handele.*

In »Plagiator II« soll Karl-Theodor zu Guttenberg sich selbst spielen; für die harten Stunts konnte Lothar Matthäus gewonnen werden. Guttenberg und Matthäus kennen sich aus *Bunte*, in der die Guttenbergs erfunden wurden und in der Matthäus seinen Gedankengang veröffentlicht: »Wer was Gutes für Deutschland tut, kriegt als Dank meistens was aufs Maul.«

Das Guttenberg-Double Matthäus bekommt reichlich auf die Knochen beim Gutestun für Deutschland. Höhepunkt seiner Pein ist die Kreuzigungsszene: Guttenberg wird von akademischen Philistern öffentlich aus Kreuz geschlagen, blaues Blut fließt in Strömen. Der Leichnam des Märtyrers aber wird nicht gefunden, denn Guttenberg ist nicht tot! Er ist wiederauferstanden, strahlender, stärker und frisierter denn je!

Das größte aller Wunder ist: Auch die toten deutschen Söldner aus Afghanistan leben wieder und ziehen als Leibstandarte mit ihrem alten und neuen Dienstherrn in die Schlacht. Guttenberg will Genugtuung und rauscht mit seinen Truppen nach Bayreuth, wo er zu den Klängen

von Richard Wagners »Parsifal« die Universität nieder-
brennt, jenen ihm verhassten Ort, an dem man ihn, den
edlen Spender, in Schande tunkte.

Während Guttenberg noch genüsslich die Reste seines
ehemaligen Doktorvaters durch den Reißwolf drückt,
sieht er sich plötzlich unerwarteter Konkurrenz ausgesetzt: Christoph Schlingensief ist ebenfalls als Jesus von
den Toten auferstanden, und auch er hat mit Bayreuth
noch eine Rechnung offen. Die beiden Medienkatholiken
aber erkennen ihre vielen Gemeinsamkeiten und schließen einen Nichtangriffspakt und eine Messias-Allianz.
Schlingensief spricht den Wagner-Clan auf offener Bühne zu Tode; Guttenberg, unter dessen gepflegten Händen
die Doktoranden sterben wie die Fliegen, braust im offenen Wagen Richtung Berlin.

Begeisterte Massen strömen ihm zu, der Stamm der
Sarrazinen schließt sich Guttenberg an. »Dolchstoß!
Dolchstoß!«, skandieren die Freischärler und polken sich
mit Schweizermessern in den Zahnlücken herum, auch
»Rache! Rache!«-Rufe werden laut. Wofür eigentlich?
Egal, es schreit sich so schön weg.

Guttenberg wird zum Kaiser gekrönt, der bayerische
Pontifex küsst ihm den gelifteten Podex, und die Deutschen sind zum ersten Mal seit 1918 wieder glücklich.

Produzent und Hauptdarsteller vermelden stolz: Die
Inthronisierungsszene ist ganz in Herrenaltöl gefilmt.
Eine Fortsetzung ist bereits in Planung: »Plagiator III –
Jetzt kopiert er alles«.

* Einmal in seinem Leben spielte Til Schweiger in einem
richtigen Film mit, in Quentin Tarantinos »Inglorious
Basterds«. Tarantinos Genie kann man auch an seiner
Besetzungskunst erkennen: Schweigers Rolle war nahezu
sprechfrei. Das war gut, denn aussehen kann Til Schweiger. Doch was macht der Unglücksmann? Er prahlt in
Interviews: »Mit Tarantino spreche ich auf Augenhöhe,
mit Brad sowieso.«

»Auf Augenhöhe« gibt es nicht; zur Verdeutlichung dessen muss man sich nur vor Augen führen, wie Helmut Kohl und Norbert Blüm »auf Augenhöhe« miteinander sprächen. Was sieht der eine? Ein Skrotum. Während der andere einen unverstellt freien Blick schweifen lässt.

Soviel zur »Augenhöhe«, doch was weiß Til Schweiger davon, der mit »Brad« Brad Pitt meint und nicht das Brett vor seinem eigenen Kopf, das ja, und hier stimmt die Formulierung tatsächlich einmal, mit Til Schweiger »auf Augenhöhe« leben muss, und zwar lebenslänglich.

# Nivea Visage, die eiserne Ration

Das französische Wort »visage« heißt auf deutsch Gesicht, das eingedeutschte Wort »Visage« meint aber etwas anderes und immer eindeutig Abfälliges; in der »Visage« sind die Gaunervisage, das Ohrfeigengesicht und die gute alte Hackfresse immer mit drin.

Die Kreateure der »Nivea«-Werbung wissen das nicht, ignorieren es und / oder haben ohnehin keine Achtung vor Leuten, die sich freiwillig Mineralölcreme in ihre Visagen schmieren. Wie sonst soll man sich den Produktnamen »Nivea Visage« erklären? Der einem auch noch vom Hotelbettkopfkissen entgegenleuchtet: »Nivea Visage wünscht gute Nacht!«

Denn das sogenannte Betthupferl, in diesem Fall handelt es sich um ein Täfelchen »Ritter Sport«-Schokolade, hat eine »Nivea«-Reklame-Manschette verpasst bekommen. »100 Jahre Hautpflege fürs Leben« steht noch darauf und, ganz charmant: »Schlafen Sie sich schön!« Denn vorher war man ja potthässlich, oder wie sonst darf man den unerbetenen Rat verstehen?

Die »Ritter Sport«-Schokolade enthielt dann auch noch eine »Joghurt-Füllung«, bei der es sich aber ebenfalls um ein Produkt der Firma »Nivea« handeln könnte: nicht nur für, sondern auch zum Fressen. Nivea Visage, am Age, am Age.

# »Es wird mir ... o Gott!«
## Wie Guido Westerwelle sich um Restkopf und Kragen spricht

Wenn man Guido Westerwelle sprechen hört und sieht, möchte man immer gleich die Eltern sprechen. Meine Güte, was für Unfähige haben denn den zusammenerzogen? Soviel psychische Derangiertheit, soviel Zwanghaftigkeit, soviel neurotische Rechthaberei, soviel armseliges Fäustchenballen, soviel Simulanz auf einem einzigen Haufen Elend. Was ist da alles schiefgegangen!

Westerwelle leidet, wie nicht wenige Deutsche, am Scharping-Syndrom: Er hält sich für schnell, gewitzt und charismatisch, und alle anderen müssen das ausbaden. Zurecht gestraft sind damit die Parteigänger und die Wähler der FDP; der Rest der Öffentlichkeit muss aber bitte mit solch traurigen Folgen unterlassener Hilfestellung nicht andauernd konfrontiert werden.

Dennoch übertrug *ntv* im Livestream den als »Schicksalsrede« angekündigten Auftritt Guido Westerwelles am Dreikönigstag 2011. Sehr überzeugend kann Guido Westerwelle »Meine Damenundherren« sagen. Das Selbstlob »Die Richtung stimmt, der Anfang ist gemacht« gefällt ihm so gut, dass er es gleich mehrmals sagt, ansonsten spricht er über sich und seine große Bedeutung: »Da habe ich gesagt: ›Das geht so nicht.‹« Oder, noch stolzer auf sich selbst: »Ich habe eine Fernsehdiskussion gehabt.« Das ist natürlich eine dolle Sache, die allen Respekt verdient vor einem Mann, der sich nicht einmal im populären Amt des deutschen Außenministers Hilfe zur Selbsthilfe zu leisten weiß.

Auf Autopilot peitscht Westerwelle mit auf Verve getrimmter Stimme herunter, was er gelernt hat: »liberales Immunsystem«, »die Entlastung des Mittelstandes«, »Balance zwischen Staat und Gesellschaft«, »aktive Toleranz« und immer »meine Danmenundherren«. Bemerkenswert sind allein die Routine und die Selbstverständlichkeit, mit der solche Figuren und die ihnen assoziierten Medien anderer Leute Lebenszeit zerschreddern; es liegt daran, dass ihre Lebenszeit genau daraus und aus nichts anderem besteht.

Einmal wird es doch ein bisschen interessant – als *ntv* die Meldung einblendet: »Merkel mit dioxinverseuchtem Futter gemästet«. Das erklärt einiges, substantiell wie optisch, aber dann steht bei genauem Hinsehen »Ferkel« da. »Wachstumsbeschleunigungsgesetz« sagt Westerwelle noch, auf der Tonspur läuft Danny Dziuks gleichnamiges Lied: »...der Markt wird's schon richten / und tut er das mitnichten / dann hamwer dafür ja jetz /das Wachstumsbeschleunigungsgesetz // Rettungspakete schnüren / Regenschirme aufspannen / Vertrauensvorschuss leisten / Zeitfenster einrichten / das besser kommunizieren...« Hier hakt sich Westerwelle wieder ein: Er will »die Erfolge vertreten«, für die er aber doch so »beschimpft und attackiert« worden ist, schluchzbuhu.

Sogar eine soziale Ader hat Westerwelle sich legen lassen, eine Pipeline des Mitgefühls: »Wenn einer sein Leben lang gearbeitet hat«, tremoliert er, »und dann trifft ihn der Schicksalsschlag der Arbeitslosigkeit...« Es erklingt die Schicksalsmelodie, obwohl es doch exakt um die Kräfte des frei genannten Marktes geht, die Westerwelle stets beschwört.

Als ein Gegner von »Stuttgart 21« etwas dazwischenruft, bekommt er von Westerwelle folgenden Bescheid: »Es ist Ihr gutes Recht, zu demonstrieren.« Westerwelle sagt das, als sei dieses Recht davon abhängig, dass Er, Westerwelle, es gewährt. »Es ist aber auch Ihre Pflicht, den Rechtsstaat zu respektieren.« Tonfall: Was das ist,

Rechtsstaat, das definiere selbstverständlich Ich, Westerwelle. Der mit gratismutiger Blasiertheit fortfährt: »Die
Sitzblockade ist in Deutschland nicht die letzte Instanz.«
Da lacht das FDP-Publikum. Die Regeln der Demokratie
genannten Simulation bestimmen Juristen wie Westerwelle, und genau das merkt man der Demokratie auch an,
daran geht sie zugrunde.

Kurz kommt Westerwelle auch auf Thilo Sarazzin zu
sprechen, weicht vom Manuskript ab, begibt sich aufs
Glatteis der freien Rede und stöhnt: »Es wird mir ... o
Gott!« Ein Abgrund tut sich auf, aber sogar der weigert
sich, Westerwelle zu verschlingen.

Nach einer schmelzkäsezähen Stunde kommt Westerwelle zum Schluss und beschwört »die Freiheit zur Verantwortung«. Wenn Guido Westerwelle nur eine Ahnung
davon hätte, was das ist, er träte für immer von jedem
öffentlichen Amt zurück. Oder täte, was die alte Schule
dem Versager gebietet, der mit seiner Selbstüberschät-
zung und seiner Kläglichkeit konfrontiert wird.

Möllemann / flog voran / Nimm auch du, Westerwelle /
ja nimm, Guido, diese Schwelle / Nimm sie aber nicht
allein / Sondern pack' auch dein' Verein / deine FDP mit
ein.

Wer das gewählt hat, soll auch darin umkommen.

# Veteranenstadel

Das Märchen »Des Teufels rußiger Bruder« der Brüder Grimm erzählt von einem »abgedankten Soldaten«, der sich beim Teufel verdingt und in der Hölle die Kessel versorgt, in denen er seinen alten Unteroffizier, seinen Fähnrich und einen General entdeckt, woraufhin er das Feuer noch kräftiger schürt.

So könnte es auf dem »Veteranentag« zugehen, dessen Einführung der deutsche Soldatenminister Thomas de Maizière im Februar 2012 anregte. Der Reserveoffizier de Maizière säße dann mit im Schmortopf und könnte von diesem gut geheizten Platz aus seine Ideen zur Militärfolklore ventilieren: wie wichtig und »überfällig« es doch sei, einmal jährlich Lobreden auf ausgemusterte Krieger zu halten.

Stimmt das? Nö. Ein »Veteranentag« für deutsche Soldaten ist so plausibel wie die Stiftung eines »Landser«-Literaturpreises. Ähnlich einleuchtend war auch de Maizières erste Terminvorstellung: der 14. November sollte es sein, jener Volkstrauertag, der unter den Nationalsozialisten als »Heldengedenktag« begangen wurde. Dem Bundeswehrbeauftragten Hellmut Königshaus von der FDP wiederum gefiel der »Veteranentag«, nur das Datum passte ihm nicht; er präferiert den Todestag dreier deutscher Soldaten in Afghanistan am 2. April 2010 und schlug einen Veteranentagstermin »in der Karwoche« vor.

Das ist die Klatsche, mit der man zwei Fliegenschwärme auf einmal kriegt: die Passionsprozession und die Militärparade. Christliche Milizen vereinigen sich mit regulären Truppen, die von der Kanzel den Segen bekommen: Wenn einer Zivilisten bombardieren lässt, dann hat er das fürs Vaterland getan und aber auch für Gott. Erst die Kombination von Glauben und Gehorsam erzeugt jene Sorte Orientierung, die für reibungsloses Funktionieren unverzichtbar ist.

Zwar tut es der Soldat ja auch simpel für Geld, aber wenn man ihm einen Klimbim von Ehre und Treue einreden kann, fühlt er sich besser und hält womöglich auch länger durch. Mit einem höheren Auftrag und einem tieferen Sinn versehen geht das Soldatenhandwerk einfach leichter von der Hand. Religion und Nationalismus sind gern genommene Gratiswährungen, und so hülfe ein »Veteranentag«, die Reputation zu mehren und gleichzeitig die Kosten zu senken.

Wie praktisch, möchte man sagen. Auch die Außen- und Werbewirkung eines »Veteranentages« soll man nicht unterschätzen. Begeisterte Kinder erlernen unter Anleitung durch erfahrene Reservisten, wie man sich stundenlang langweilt; besonders beliebt sind Crashkurse in Stumpfsinn. Auch Uniformfetischisten jederlei Geschlechts kommen auf ihre Kosten.

Ein ranghoher Veteran beantwortet Fragen aus dem Publikum: »Wie fühlt sich freundliches Feuer an? Anders als feindliches?« – »Die Hauptsache ist doch, dass es wärmt, oder?« – »Bekomme ich als Zeitsoldat in Afghanistan einen Auslandszuschlag?« – »Selbstverständlich.« – »Meine Frau auch?« – »Ja, Ihre Witwe auch.«

Für diese Antworten wird er später degradiert und entlassen. Denn ein »Veteranentag« ist eine todernste Sache.

# Elite bei der Arbeit
## Moralische Maßstäbe in Mordangelegenheiten

Wenn man weiß, was sogenannte »Elitesoldaten« tun, bekommt man eine Ahnung davon, was Angehörige sogenannter »Eliten« für diesen Status qualifiziert: Sie müssen noch skrupelloser, empathieunfähiger und entmenschter denken und handeln können als der Durchschnitt. Was Elite im Angebot hat, zeigt beispielsweise ein Video mit vier lebendigen und drei toten Soldaten. Die vier Lebendigen gehören den US-Marines an; sie entleeren ihre Harnblasen auf den Körpern der Toten, bei denen es sich offenbar um afghanische Taliban-Soldaten handelt. Ob die Lebenden, die sich bei der Leichenschändung feixend, lachend und Witze reißend filmen lassen, die Toten zuvor selbst erschossen haben, ist nicht bekannt, es ist aber höchst wahrscheinlich.

Der Akt ist barbarisch und schrecklich, und er ist das, was mit dem Wort Krieg gemeint ist: Die Auslöschung des Feindes, dem man mit seinem Leben auch jeglichen Menschenrechts beraubt, den man plündert und noch als Leichnam misshandelt. Der Krieg, in dem lauter Ehrenmenschen sich mit dem größten Respekt voreinander, dem noch größeren Bedauern darüber und quasi aus Einsicht in die Unabdingbarkeit so höflich wie ästhetisch angenehm ums Leben bringen, ist ein Märchen. Jeder weiß das, doch wird es immer wieder gern erzählt.

Die von der Nato geführte »internationale Schutztruppe in Afghanistan« (Isaf) beispielsweise verurteilte die postmortale Behandlung der Getöteten: »Diese respektlose Tat ist unerklärlich und nicht in Übereinstimmung mit den hohen moralischen Maßstäben, die wir von Koalitionstruppen erwarten.« Auch der amerikanische Verteidigungsminister Leon Panetta findet nicht die Herstellung, sondern nur die Schändung von Leichen »absolut unangemessen« und klagte, dass »dieses Verhalten nicht die Werte widerspiegelt, für die unsere Streitkräfte eintreten.«

Anonym umbringen, aus dem Hinterhalt erschießen oder wie auch immer töten und ermorden sind Werte, für die Streitkräfte weltweit eintreten. Nur bitte anschließend nicht austreten, denn der schöne Krieg muss sauber bleiben.

Dass Kriege geführt und Menschen willentlich und kalkuliert umgebracht werden, scheint keinen der Beteiligten ernsthaft zu stören. Man soll sich dabei aber bitteschön an die guten Sitten halten, denn bei politisch organisierten Abschlachtereien werden, gerade an die Elite, die allerhöchsten moralischen Maßstäbe angelegt.

# »Ich hatt einen Käs voll Maden...«

## Wie die FAZ einmal das Wort »Kamerad« vor »Extremisten« retten wollte und sich dabei hübsch blamierte

In der *FAZ*-Sprachglosse »Fraktur« schrieb Jasper von Altenbockum am 16.12. 2011 über das Wort »Kamerad«, das er vor Missbrauch schützen möchte, weshalb er mit Nachdruck fordert: »Man sollte es nicht den Extremisten überlassen.« Altenbockums Text heißt »Kamerad – als wär's ein Stück von mir«; den Autor bewegt der Misskredit, in den das Wort Kamerad »mit dem Kampf gegen den Rechtsterrorismus« gekommen sei. »Das Wort ist im Deutschen zu einem Aussätzigen gestempelt worden, zu einem Unwort«, behauptet Altenbockum und fährt fort: »So etwas kommt den rechtsextremistischen Tabubrechern gerade recht. Unworte sind ihre Spezialität. Wird im Wörterbuch des Unmenschen die ›Grammatik der Kameradschaft‹ aufgenommen, die unsere Welt nach 1933 ins Unglück gestürzt habe, dann spornt das ihre Lust an der Provokation erst richtig an.«

Zwar sind »Unworte« jährlich gepflegte Tradition und Spezialität der »Gesellschaft für deutsche Sprache«, und Nazis kann man Verbrechen nachweisen und nicht bloß Tabubruch und Provokationslust. Doch wie jeder gute Deutsche, der die Nazis nicht den Rechten überlassen möchte – denn wo kämen wir da hin? –, zeigt auch Jasper von Altenbockum aufs Ausland, wo man doch auch die Tradition pflege:

»Die Kameraden der Franzosen (›chers camerades‹)

und Engländer (›comrades‹) dürfen sich dagegen noch ganz in der Mitte der Gesellschaft fühlen.«

Altenbockum ist verantwortlicher Redakteur im Ressort Innenpolitik der *FAZ*, er ist 1962 geboren und hat Germanismus und Geschichte studiert. Woher soll der Mann wissen, dass »camerades« und »comrades« nicht Kameraden heißt, sondern: Genossen. Ein Blick in »Animal Farm«, George Orwells Abrechnung mit dem Stalinismus, hätte ihn lehren können, was »Comrades« sind – gegen die sich der gediente *FAZ*-Redakteur ja explizit ausspricht, wenn er bedauert, dass die Tradition der Kameraderie »in Deutschland mit der DDR endete, wo von ›all unsern Kameraden‹ keiner ›so lieb und gut‹ war wie der ›kleine Trompeter‹, den im Westen nur der Liedermacher Hannes Wader und all diejenigen besangen, die ›ein lustiges Rotgardistenblut‹ in sich verspürten.«

Wozu noch im Wörterbuch nachschlagen, wenn man es im Deutschen doch schon so gemütlich hat? Als Beispiel für positives und ganz und gar nicht rechtsbelastetes Kameradentum zitiert Altenbockum die zweite Strophe aus Ludwig Uhlands »Der gute Kamerad«, 1809 geschrieben, 1825 von Friedrich Silcher vertont und noch heute Pflicht-, Standard- und Standartenlied bei deutschen Soldatenbegräbnissen: »Eine Kugel kam geflogen, / Gilt sie mir oder gilt sie dir? / Ihn hat es weggerissen, / Er liegt zu meinen Füßen, / Als wär's ein Stück von mir.«

Noch bekannter ist das Lied unter dem Namen »Ich hatt einen Kameraden«, der Anfangszeile der ersten Strophe, die vollständig so lautet: »Ich hatt einen Kameraden, / Einen bessern findst du nit. / Die Trommel schlug zum Streite, / Er ging an meiner Seite / In gleichem Schritt und Tritt.«

In gleichem Schritt und Tritt: »Mit den ›Kameraden‹ der rechtsextremistischen ›Kameradschaften‹ hat das nichts zu tun«, behauptet Altenbockum tapfer, auch wenn es denen gelungen sei, »aus dem Wort einen Kampfbegriff für kaltes Braungardistenblut zu formen«, wie er bitter konstatiert, bevor er im Schlusssatz noch ganz doll soldatenlieb wird: »Wer ein lieber Kamerad ist, hat etwas Besseres verdient.«

Etwas Besseres? Immer gern! In den Tornister des Reservistengermanisten Altenbockum also eine Ausgabe von Peter Rühmkorfs großer Sammlung »Über das Volksvermögen. Exkurse in den literarischen Untergrund«, 1967 bei Rowohlt erschienen und bis heute eine Fundgrube deutscher Volks-, Spott- und Humordichtung. Das pathetische, schmalzige und sentimental durchlogene Kitschlied vom »guten Kameraden« wurde von Soldaten umgedichtet und so gesungen: »Ich hatt einen Käs voll Maden / Einen weichern findst du nit / Den Käs wollt ich verkaufen / Da fing er an zu laufen / im gleichen Schritt und Tritt.«

Und der Jasper von Altenbockum im Geiste immer mit.

# Fremdsprache Deutsch

Am Kottbusser Damm in Berlin bietet ein Institut das Erlernen von »Deutsch als Fremdsprache« an. Das Geld kann man sparen, scheint mir, denn direkt neben der Sprachschule gibt es eine »Xpresso Lounge«, ein Haus weiter eine »Back Factory« und gleich im Anschluss eine »easy-Apotheke«.

Da wird mir doch die deutsche Sprache fremd und das Alphabet in der Pfanne verrückt, mault die Sprachliebhaberseele, aber besonnen vermag ich sie zu beruhigen:

Wenn die Back Factory eine Payback-Karte hat, dann ist alles im Lack, genau wie in Good Luck! In der easy-Apotheke spielen sie Truck Stop, »Take it easy, altes Haus«. Die Ohrenpeinpillen, die du dagegen bekommst, verhökerst du später auf dem »Flowmarkt« in »Nowkoelln«, und von dem Gewinn bezahlst du dann doch den Kurs in »Fremdsprache deutsch«, in dem du erfahren wirst, dass man deutsche Gedichte »auswendig« lernt, englische aber »by heart«, und dann wirst du endlich begreifen, warum Deutsch so vielen Deutschen immer eine Fremdsprache bleiben wird.

# Facility Management in Abbottabad

Das sehr deutsche Deutschwort Hausmeister hat nichts offensichtlich Schönes an sich; man muss nur an die eigene Schulzeit denken, und sofort sieht man einen blaugrau bekittelten Mann mit unguter Laune übers Gelände muffeln, der mit professionell eingeschränkter Wahrnehmung in jedem Schüler nur einen potentiellen Tunichtgut oder Strolch zu wittern vermochte und deshalb prophylaktisch alle entsprechend schnappschildkrötig anpampte.

Warum also das Wort Hausmeister nicht durch ein geeigneteres ersetzen? Genau das hat man versucht und aus dem Hausmeister einen »Facility Manager« gemacht. »Facility Manager«, das klingt hochtrabend und bemüht zugleich, als solle eine nicht gerade attraktive Stellung durch einen aufgeblasenen Titel aufgehübscht werden.

Ein weiterer Nachteil ist, dass man aus dem Subjekt »Facility Manager« ohne Gewaltanwendung kein Verb bilden kann, aus »Hausmeister« aber sehr wohl. Nicht selten kann man sich gegen übergriffige Ordnungskräfte mit der zumindest beim ersten Hören verblüffenden Formulierung »Bitte hausmeistern Sie mich nicht an!« erfolgreich zur Wehr setzen. Und den Satz »Gott hausmeisterte ein wenig in der Hölle herum, um seinem Zwillingsbruder unter die Arme zu greifen; der arme Teufel hatte die letzte gemeinsame Sause nicht gut verkraftet« könnte man aus einem »Facility Manager« niemals generieren.

Das gegen linken Politkitsch eingesetzte Diktum »Der

Tod ist nicht immer, aber manchmal eben doch ein Hausmeister aus Deutschland« kann allerdings keine Exklusivität für sich beanspruchen. Wer sagt, »Der Tod ist ein Facility-Manager-Team aus den USA«, liegt auch nicht falsch.

Anders ist jedenfalls der Ton schwer zu verstehen, in dem die Erschießung von Osama bin Laden im pakistanischen Abbottabad durch eine amerikanische Sondereinheit gemeldet und kommentiert wurde: als habe ein Trupp Hausmeister endlich Ordnung gemacht. Dass es sich um eine »Operation mit Tötungsauftrag« handelte, scheint niemanden zu stören, und auch die Fanmeilenstimmung am Weißen Haus, mit der das – wörtlich – »Ausradieren eines bösen Feindes« quittiert wurde, wirkt anscheinend nicht befremdlich bei den Vertretern der Rechtstaatlichkeit und des Guten schlechthin.

Ob tatsächlich Osama bin Laden exekutiert wurde oder jemand anderer, ist dazu verurteilt, Glaubenssache zu sein; bei den verbreiteten Bildern handelt es sich um Montagen, und die Leiche wurde im Meer versenkt. Dennoch war die Stimmung tiptop; die deutsche Bundeskanzlerin Angela Merkel krempelte der Sprache die Ärmel auf und teilte mit: »Ich bin heute erst einmal hier, um zu sagen: Ich freue mich darüber, dass es gelungen ist, bin Laden zu töten. Ich glaube, dass es vor allen Dingen für die Menschen in Amerika, aber auch für uns in Deutschland eine gute Nachricht ist, dass einer der Köpfe des internationalen Terrorismus, der so viele Menschen schon das Leben gekostet hat, gefasst bzw. getötet wurde und damit auch nicht mehr weiter tätig sein kann. Das ist das, was jetzt für mich zählt. Deshalb habe ich meinen Respekt für dieses Gelingen auch dem amerikanischen Präsidenten mitgeteilt, und das war mir auch ein Bedürfnis.«

Von der Verrichtung dieses Bedürfnisses hätte sie angemessen im Hausmeisterkittel sprechen können beziehungsweise gleich in Uniform. Jemanden zu verhaften und ihm den Prozess zu machen, ist für die Repräsentanten der Demokratie wie Obama und Merkel offenbar ein überflüssiger Luxus, den man sich spart. Stattdessen wird ein alter Gruselfilm neu aufgelegt: Nachts, wenn der Hausmeister kommt.

# EFSF, KSK, VS
## Über Abkürzungsmysterien

Abkürzungen gibt es viele, sie sollen das Sprechen leichter und die Verständigung schneller machen. Manchmal gelingt das sogar; wer will sich schon an dem achtsilbigen Wortungetüm »Gebühreneinzugszentrale« die Zunge brechen, wenn er sich das unattraktive Wort durch die Kurzform »GEZ« zumindest einigermaßen mundgerecht machen kann?

Kürzel können aber auch für Missverständnisse sorgen. Als ich noch in der Künstlersozialkasse versichert war, bekam ich regelmäßig Post von der KSK. Durch den Einsatz deutscher Soldaten in Afghanistan erfuhr ich später, dass KSK auch die Abkürzung für ein Bundeswehr-»Kommando Spezialkräfte« ist, mit dem ich nichts zu tun haben wollte. Sofort trat ich aus der KSK aus, wurde der Gmünder Ersatzkasse GEK zugeschlagen, die dann mit der Barmer Ersatzkasse BEK fusionierte. Ob es dort besser ist als bei den Kriegsspezialkameraden vom KSK?

Die Buchstaben VS bedeuteten für mich immer Verfassungsschutz; diesen Verein für Schnüffler und Spitzel mied ich stets. VS ist allerdings auch die Kurzform für den Verband deutscher Schriftsteller; eine Doppelung, die mich nur teilweise wundert. Dass es vom VS im Sinne des Verfassungsschutzes nur ein winziger Schritt zum NSU ist, zum Nationalsozialistischen Untergrund, ist eine jüngere Information.

In meiner Kindheit war NSU eine Marke für gute Autos, Mopeds und Fahrräder; NSU war das Kürzel für den

Standort Necksarsulm. Jetzt finden alle NSU schrecklich, aber den VS gibt es weiterhin.

Nicht jede offiziell verwendete Abkürzung ist allgemein geläufig. Wenn in den Nachrichten vom »Bankenrettungsschirm EFSF« die Rede ist, irritiert daran nicht nur die Dauerphrase vom »Rettungsschirm«; man muss sich vor allem auf die vier Buchstaben EFSF setzen, deren Bedeutung einem aber fremd ist. Wer weiß schon, dass EFSF »Europäische Finanzstabilisierungsfazilität« bedeutet? Oder dass »SoFFin« für einen »Sonderfonds Finanzmarktstabilisierung« stehen soll, den eine »Finanzmarktstabilisierungsanstalt« ausgeheckt hat? Oder dass es sich beim »ESM« um den »Europäischen Stabilitätsmechanismus« handelt? Und selbst wenn man es wüsste, was wüsste man dann?

Dass es sich dabei um Geld dreht, und zwar um solches, das einem weggenommen wird? Diese Ahnung trügt nie; gegen Vokabular wie ESFS, ESM oder SoFFin argumentativ etwas vorzubringen, ist aber schwer. Wer nicht derartig spezialisiert zu sprechen gewohnt ist, verliert, resigniert und überlässt das Feld den Betrügern, die sich, auch sprachlich, als Spezialisten verkleidet haben. Genau das ist die Absicht: Entwaffnung durch Verwirrung und Einschüchterung. Insiderjargon wird erfunden, um andere zu Außenseitern zu machen.

Bei Begriffen wie EFSF beziehungsweise »Europäische Finanzstabilisierungsfazilität« besteht zwischen der ausgeschriebenen und der verkürzten Form nur der Unterschied, dass die kurze Form weniger Lebenszeit verschlingt an die lange; schlau wird man aus beiden gleichermaßen nicht und soll es ja auch nicht werden.

Damit verglichen wirkt das unangenehm bürokratische, autoritäre Wort »Gebühreneinzugszentrale« unmissverständlich ehrlich.

# Halma oder Kanonenfutter?
## Wer ist »gut aufgestellt«, und was soll das sein?

»Wir sind gut aufgestellt«, spricht ein Gesicht in viele Kameras, und man ahnt, was der von Lächeln und Schlips zusammengezurrte Mund mitteilen möchte: Die Zukunft ist geritzt, alles wird gut. Das wollen und sollen wohlfeile Phrase und Optimismusblick mitteilen, beziehungsweise »transportieren« oder »rüberbringen«, wie das medial heißt. Konkret wird nichts, wenn es spricht aus gehobenen Ämtern, deren oberste Kommunikationsregel lautet: niemals etwas Genaues sagen, nicht freiwillig jedenfalls, sondern stattdessen stets und stetig Stimmung verbreiten, solange es geht. Exakt dieser unexakte, wattig-selbstsatte Brustton ist allenthalben zu vernehmen aus den Etagen von Chefs und Zwischenchefs: »Wir sind gut aufgestellt.«

Na prima, wie schön für Sie!, könnte man antworten – oder fragen: Was bedeutet das eigentlich, gut aufgestellt sein? Wie stehen Sie gut aufgestellt da? Militärisch in Reih und Glied? In Schlachtordnung? Sind Sie zum Kanonenfutter abkommandiert? Also bodenständig? Oder gackern Sie doch eher aus Bodenhaltung? Bodenhaltung ist schließlich auch eine Haltung! Nehmen Sie Grundstellung ein, wie beim Ballett? Fläzen Sie sich geistig bequem auf den Boden der freiheitlich-demokratischen Grundordnung FDGO herum? Falls Sie dieses Erpressungsinstrument aus den Endsiebzigerjahren der Bundesrepublik überhaupt oder noch kennen? Sind Sie, wenn Sie gut aufgestellt sind, gut vorbereitet, worauf auch immer? Auf alles gefasst, gegen alles gewappnet? Oder handelt es sich um eine therapeutische Familienaufstellung? Hat man es bei Ihnen mit Spielfiguren zu tun? Geht es um Menschen-Schach? Um Halma, Mühle oder Mensch-ärgere-dich-nicht? Und wer stellt wen auf?

Wer aufgestellt wird, bleibt, egal ob gut aufgestellt oder nicht, passives Objekt. Wenn einer sagt, er sei gut aufgestellt und man wissen möchte, was er denn bloß damit meine, früge man also am besten bei dem nach, der ihn aufgestellt hat? Aber gibt es den überhaupt, den Aufsteller? Und wie wäre der dann aufgestellt, und wo? Oder ist jedes Nachfragen schon vergeudete Zeit, weil es schlicht nichts bedeutet, gut aufgestellt zu sein?

Wer gut aufgestellt ist, steht auf dem schwankenden Boden wirtschaftsesoterisch-rhetorischer Moden, der Heimstatt von Glaubenssätzen wie »Man muss nur wollen!«, »Wir schaffen das!« oder »Wir müssen JA sagen! JAA!!«, egal zu was. So sprechen die guten Repräsentanten und -onkels aus Wirtschaft, Finanzwesen und Politik: Wir sagen euch nichts, wir machen das schon – jedenfalls so lange sie noch des Abnickens bedürfen, der demokratischen Legitimation. Entmündigung beginnt mit betuttelnder Infantilisierung: »Wir sind auf einem guten Weg ... Wir sind gut aufgestellt ...«, und jetzt schlaft schön, wie immer.

Dass sogenannte Führungskräfte mit ihren eigenen Durchhalteparolen vorlieb nehmen, lässt Rückschlüsse auf ihre geistige Selbstgenügsamkeit ebenso zu wie die Frage: Regieren stehengebliebene Vierjährige die Welt? Wurde Grönemeyers unbedachtester Text grässliche Wahrheit: »Kinder an die Macht«?

Erwachsenen Menschen nichts anzubieten als ein notorisches »Wir sind gut aufgestellt«, ist, sehr freundlich gesagt, der Versuch, andere auf den Arm zu nehmen, der mit Auslachen geahndet werden kann, mit Auspfeifen oder mit sehr heftigem In-den-Arm-Nehmen, je nach Notwendigkeit, Temperament und Langmut.

# Gravitätische Luftpumpenrhetorik
## Wieso befindet man sich dauernd »im Vorfeld« von was auch immer?

Das Militärische schwitzt der Sprache aus allen Poren. Sehr beliebt ist die Epaulettenträgerformulierung »im Vorfeld« – die traditionell das Gelände beschreibt, das der eigenen Gefechtsstellung vorgelagert ist. Wenn es aber heißt, »im Vorfeld eines EU-Gipfels« sei dieses oder jenes geschehen oder zu erwarten, ist damit ganz simpel »vor dem EU-Gipfel« gemeint. Das scheint für die Zwiesprache aus Politik und ihrem Verlautbarungsjournalismus aber zu klein und zu wenig bedeutungssuggestiv zu sein; »im Vorfeld« klingt gravitätisch, »im Vorfeld« bahnen sich große Dinge an, da dröhnt schier schon der Boden. Die Zewa-wisch-und-weg-Begriffe »EU-Gipfel« respektive »Gipfeltreffen« sind allerdings auch einen kurzen Seitenblick wert: Wo trifft der EU-Kampfzwerg Sarkozy bloß seine Geistesneffen? / Komm, lass mich raten: nicht etwa doch bei einem EU-Gipfeltreffen?

Das ursprüngliche Vorfeld war ein geographisches; »im Vorfeld« einer Investition oder einer Wahl et cetera ist dagegen temporär aufzufassen. Die Formulierung ist also nicht nur aufgeplustert, sondern auch schlicht falsch. Das stört aber niemanden, der sich routiniert und gern im Vorfeld gewichtiger Ereignisse bewegt; für Luftpumpenrhetoriker kann es gar nicht genug Vorfelder geben. Und der deutsche Soldat bleibt sowieso für alle Zeiten unbesiegt, zumindest im Vorfelde.

Es gibt allerdings eine zivile Angelegenheit, bei der die Formulierung »im Vorfeld« berechtigt ist: »im Vorfeld einer Heirat«, oder, das Gefängnishafte weniger verbergend: »im Vorfeld einer Eheschließung«. Wo geheiratet wird, da fällt die Tür ins Schloss, da schnappt die Falle zu, da geht es um Leben oder Tod und also vor allem um militärische Planung. Strategisch Ahnungslose besiegeln schon auf diesem Vorfeld ihren Untergang.

Wer ältere Langzeitverheiratete kennt, weiß, wie das Schlachtfeld sich im Laufe beziehungsweise in der Lauge der Jahre vom physischen zu einem rhetorischen sich verwandelt und verlagert. Ein naher männlicher Blutsverwandter gestand mir nach mehr als 50 Jahren Ehe freimütig: »Früher war ich deiner Mutter hörig, heute bin ich ihr schwerhörig.«

Das klingt freundlicher, als es in der Praxis sich vollzieht. Wenn man älteren Paaren lauscht, stellt man fest, dass die erlernten Kommunikationsmodelle – A sendet, B empfängt und sendet retour, A empfängt und so weiter – keine Gültigkeit haben. Es geht längst nicht mehr um Senden und Empfangen, es geht ausschließlich noch um die Lufthoheit über den Sprech- und Sprachraum, die auch die Fähigkeit zum souverän-ignoranten Weghören voraussetzt. Wer hat mehr davon, wer beherrscht diese Techniken, wessen Psyche oder Seele ist entschlossener, rüder?

Sieger bleibt, wer wenigstens 51 Prozent der Redeanteile hält. Deutlicher als in den miteinander konkurrierenden Kampfmonologen von Eheleuten tritt selten zutage, dass Sprache, wenn man sie pervertiert, in erster Linie nicht mehr ein Mittel der Verständigung ist, sondern ein Instrument der Macht.

Für Eheanbahnungen aller Art mag die Formulierung »im Vorfeld« also gelten; ansonsten kann man sie bitte aus dem zivilisierten Leben streichen. Und alle Vorfelder der Welt denen überlassen, die das Feld der Ehre mit sich düngen.

# Ist das noch zielführend?

»Das ist nicht zielführend«, sagt der Politiker in entschiedenem Ton, und ich wundere mich: Warum sagt er nicht »Das führt nicht zum Ziel«? Ist das klare, transparente Prinzip Subjekt – Prädikat – Objekt jetzt oll und out und verschraubter Partizipialstil wieder modern? Oder geht es um Verkürzung?

In der gesprochenen Sprache kann es immer eine Tendenz zur Abkürzung geben, zur Zusammenziehung und Verknappung, aber »Das ist nicht zielführend« ist sogar eine Silbe länger als »Das führt nicht zum Ziel«. In diesem Fall ist die Verkürzung eine argumentative: Über Ziele und über mögliche Wege dahin kann man geteilter Ansicht sein und debattieren; wer aber weiß, was »zielführend« oder eben »nicht zielführend« ist, der will nicht mehr in Ideenkonkurrenz treten und diskutieren, der hat schon den einen und richtigen Plan; jeder andere ist damit vom Tisch gewischt als »nicht zielführend«.

»Zielführend« ist ähnlich argumentfrei kategorisch und apodiktisch wie die autoritäre Regierungsvokabel »alternativlos«: So wird das jetzt gemacht und basta! Wozu noch überzeugen, wenn man ein Dekret verhängen kann: Das ist zielführend, und jetzt fragen Sie bitte nicht mehr, ja! Als Helmut Kohl behauptete, »Wichtig ist, was hinten rauskommt«, hatte die Marketinglinguistik das Wort »zielführend« noch nicht erfunden. Kohl meinte dasselbe, seine Diktion war allerdings täppisch, missverständlich und mehrdeutig und wirkte deshalb vergleichsweise humanoid.

Wer behauptet zu wissen, was »zielführend« ist, will

mit voller Absicht potentielle Opponenten einschüchtern und an die Wand drücken; das Wort »zielführend« benutzt, wer Gefolgschaft im Sinn hat. Er kennt das Ziel, zu dem er die anderen führt, auf seinem Weg; wer diese Prämisse geschluckt hat, darf mitmachen oder wenigstens hinterherlaufen. Wie spricht man so einen zielführenden Bescheidwisser an? Mit »Heil, mein Zielführer«?

Das Wortkonstrukt »zielführend« hat aggressiven wirtschaftlich-strategischen, militärisch-kriegerischen Charakter. Es klingt nach Zielfernrohr, und es sagt klippklar unmissverständlich, um welches einzige Kriterium es zu gehen hat. Die Quintessenz von allem, was mit »zielführend« gemeint ist, lautet: Der Zweck heiligt jedes Mittel.

Die Formulierung »zielführend« reklamiert für sich, ein Wert an sich zu sein; das Wort schließt jede Debatte über Mittel und Wege aus. Der Weg ist das Ziel? Papperlapapp. Es geht um das Wie, um den Stil? Ach was. Wenn Politik mit der Einschüchterungs- und Argumentationsersatzvokabel »zielführend« hantiert, zeigt sie damit nur, dass sie kapituliert hat und längst wirtschaftlichen, also militärischen Kategorien folgt.

# Die Zeit mag nah sein, aber zeitnah?

»Können wir uns zeitnah verabreden?«, fragt es aus einer Elektropost, »Wir werden Sie zeitnah informieren«, verspricht die nächste, und in einer dritten wird der Wunsch geäußert, ich möchte mich bitte »zeitnah zurückmelden«. Was bedeutet das? Wann ist zeitnah? Bald? In nächster Zeit? Demnächst? Erst morgen oder schon übermorgen? Heute noch? Jetzt gleich? Sofort? Pronto? Subito? Und was genau ist gemeint, wenn ich gebeten werde, zeitnah zu handeln? Soll das zügig vonstatten gehen? Fix? Rasch? Blitzschnell?

Unklare Umschreibungen für Zeitpunkte oder Zeiträume, die bei »zeitnah«-Sagern allerdings zuverlässig »Zeitschiene« und »Zeitfenster« heißen, gibt es zur Genüge. An herumeiernden Formulierungen für den Wunsch nach möglichst flinker Erledigung herrscht kein Mangel. Es ist ein Gebot der Höflichkeit, andere nicht grob zur Eile zu drängen. »Schnell!, Mach hinne!, Los, los!, Es pressiert, Meister!, Komm aus den Puschen!, Komm aus dem Knick!, Alter, komm in Schweiß!, Aber zack-zack und dalli, dalli, ja!«: So presserisch möchte man nicht angesprochen werden.

»Zeitnah« aber hat trotz seiner Vagheit nichts Höfliches an sich, sondern etwas Piesackendes. Da ist nichts vom lässigen »Mañana«, das einen Spielraum eröffnet. »Zeitnah« quengelt den anderen an, ohne sich selbst verbindlich festzulegen. Wer »zeitnah« sagt oder schreibt, teilt dem Adressaten mit: Du mach mal bitte schön hurtig, ja!, und wir sehen dann weiter.

Gleichzeitig ist »zeitnah« auch eine der Mode- und Nullvokabeln, die ganz in der Zeit sind, weil sie selbst keine haben: Wer sie benutzt, hat sich vorher nichts gedacht, denkt sich währenddessen nichts und wird sich auch hinterher nichts denken. So gesehen ist »zeitnah« sehr verbindlich und zuverlässig; zwar nicht als Zeitmaß, so doch als Indikator und Lackmuspapier für Bewusstlosigkeit, für jenes Sprechen ohne Sinn, das von vielen als so angenehm empfunden wird, weil ihm die eigenen vorhandenen Sprechmodule zu 99 Prozent kompatibel sind: zeitnah, super!

Wenn eine Verliebte ihren Liebsten nicht mit einem leidenschaftlichen »Küss mich jetzt sofort, auf der Stelle!« erfolgreich anfeuerte, sondern »Küss mich zeitnah!« keuchte, wie würde er reagieren? Amüsiert? Mit freundlichem Vogelzeigen? Um dann äußerst zeitnah seiner Wege zu gehen?

Es sind ja nicht nur die üblichen Verdächtigen und Fuzzis, die anderen verbal ständig allzu zeitnah auf die Pelle rücken und auf den Docht gehen. Die Herausgeberin einer literarischen Anthologie, die einen Text erbeten und bekommen hatte, schrieb: »Die Belege gehen Ihnen zeitnah zu.« In dem Fall darf es dann gern auch zeitfern sein.

»Zeitnah« ist modisches Flau-und-Flappdeutsch, unpräzise und schlapp, gleichzeitig aber auch angeberisch, als spräche man in Gamaschen und höbe sich ab vom Pöbel, der es so profan und verschwitzt eilig hat, wovon man sich selbst zeitnah bedeutsam abhebt.

Eine Zeit kann, auch außerhalb der »Offenbarung des Johannes«, »nahe« oder nah sein, aber eben auch reif; mit Leuten, die zeitnah telefonieren möchten, soll man zeitreif sprechen. Wer zeitnah sät, wird zeitreif ernten. Könnten Sie mir bitte zeitreif zur Revolution Bescheid geben? Danke, vorher muss ich noch ein paar digitalen Zeitdieben die passenden Antworten geben, so verbindlich und so zeitnah wie möglich, versteht sich.

# Gut deutsch oder gutes Deutsch?

Wann immer die Worte »auf gut deutsch gesagt« ertönen, weiß man, was folgt: Die Reise geht ins grobe Land Fäkalien. »Das ist auf gut deutsch gesagt Scheiße!«, heißt es dann, oder auch: »Du bist auf gut deutsch gesagt ein Arschloch!« »Auf gut deutsch gesagt« zieht totsicher Kot hinter sich her.

Nicht wenige von denen, die sich dergestalt »auf gut deutsch« artikulieren, beschweren sich darüber, dass andere schlechtes Deutsch sprächen. Von ihrer Warte aus ist das kein Widerspruch. Denn »auf gut deutsch gesagt« bedeutet eben nicht »in gutem Deutsch gesprochen«, auch wenn es ganz ähnlich klingt, sondern Deutlichkeit bis zur vulgären Grobheit: Jetzt wird Fraktur gesprochen! »Auf gut deutsch« ist Wutdeutsch.

Seltsam mutet an, dass die Deutschen das, was sie »Klartext« nennen, in analbraune Worte kleiden; Klarheit sieht anders aus. Dabei kann das Wort »Scheiße« durchaus zutreffend und elegant zugleich sein. In einem seiner letzten Gedichte wählte Joachim Ringelnatz als Beschreibung für Hitler und die Nationalsozialisten im Jahr 1934 die Formulierung »das gute, treue Wort Scheiße«. Das saß und passte genau.

30 Jahre später trat Hans Magnus Enzensberger zur Ehrenrettung der Fäkalie an und schrieb in seinem Gedicht »Die Scheiße«: »Warum besudeln wir denn ihren guten Namen und leihen ihn dem Präsidenten der USA, den Bullen, dem Krieg und dem Kapitalismus?« Und machte geltend, dass die Scheiße, »von weicher Beschaffenheit

und eigentümlich gewaltlos (...), von allen Werken des Menschen vermutlich das friedlichste« sei.

Während »Scheiße« bei Ringelnatz eine Analogie für die Braunen und bei aller Grobheit erstaunlich präzise war, wurde sie bei Enzensberger zum Sinnbild der Unschuld. So etwas nennen manche Leute wohl »Paradigmenwechsel«, der meines Wissens irgendwo zwischen Partner-, Öl- und Reifenwechsel angesiedelt ist, während Brecht den »Radwechsel« noch »mit Ungeduld« sah.

Doch zurück zur Scheiße. In Eckhard Henscheids Debütroman »Die Vollidioten« von 1973 war sie ein rhetorischer Grundpfeiler des Studenten- und Irgendwie-links-Milieus, das über »die ganze verwichste Scheiße« lamentierte. Und auch Thomas Mann hat sich in seinen Tagebüchern ausgiebig mit der Konsistenz seiner Exkremente beschäftigt. Ob es an dieser Affinität deutscher Dichter zur Fäkalie liegt, dass so viele Deutsche das Wort Scheiße zwar nicht für gutes, aber doch für »gut Deutsch« halten?

Für eine kleine Überraschung sorgte ausgerechnet der Berliner Fußballvereinsmanager Michael Preetz, der nach einem verlorenen Spiel sagte: »Wir sind auf gut deutsch gesagt kotzsauer«; ausnahmsweise war »auf gut deutsch gesagt« nicht das Vorspiel zu einer Verbalfäkalie. Dennoch möchte ich das mir zuvor noch unbekannte Brechadjektiv »kotzsauer« nicht in meinem Wortschatz aktiv werden lassen; es hat, klanglich wie olfaktorisch, keine schöne Anmutung.

Ihr »gutes Deutsch« heben sich manche Deutsche für Sonntagsreden auf, für private oder öffentliche Korruptions- und Feierstunden. Wenn sie aber werden, was sie als »ehrlich« empfinden oder ausgeben, reden sie »auf gut deutsch«. Das haben sie in ihrem Inneren angesiedelt; bei den einen steckt es im Darm, bei den anderen im Magen. So oder so: Wann immer die Worte »auf gut deutsch gesagt« ertönen, tut man gut daran, vorsichtshalber den Regenschirm aufspannen.

# Über das gute Recht

Wenn aus Recht »gutes Recht« wird, weiß man, dass etwas faul ist. Ein Recht, beispielsweise das Recht auf freie Meinungsäußerung, ist etwas, von dem man eigenständig Gebrauch macht, ohne vorher um Erlaubnis zu bitten. Beim »guten Recht« dagegen schwingt immer mit, dass man es zugestanden bekommt, von oben. »Gutes Recht« kann zugeteilt, also auch genauso entzogen werden. Da sinkt das Recht von der Selbstverständlichkeit zum »guten Recht« herab, das der Gewährung durch andere bedarf.

Im Kommentar der *FAZ* zur polizeilichen Räumung des Stuttgarter Schlossgartens hieß es: »Der Protest war freilich ebenso das gute Recht der Bürger.« Ohne die Zwangsvokabel »freilich« fühlen sich deutsche Leitartikler offenbar nackt, doch gestehen sie dem Bürger sein »gutes Recht« zu, wenn auch »freilich« so herablassend, dass ich's mit großzügig bemessener Gönnerhaft ohne Bewährung ahnden möchte.

Wer anderen jovial ein »gutes Recht« zubilligt, meint das autoritär. Diese deutsche Krankheit hält sich hartnäckig, die *FAZ* stellt sich selbst den Krankenschein aus, nennt »Stuttgart 21« in Umkehrung aller Tatsachen »ein Projekt des Volkes« und wiederholt: »Der Protest war das gute Recht der Bürger, demokratische Entscheidungen aber gilt es zu akzeptieren. Das muss eine Lehre aus ›Stuttgart 21‹ sein – und zum ›Bildungsaufbruch‹ der grün-roten Koalition gehören.«

Dreister kann man's kaum sagen: Man hat das »gute Recht« auf Versammlung und Demonstration, fakultativ auch das Recht auf polizeiliche Gewaltanwendung, und man hat das Recht, dabei zuzusehen, wie längst undemokratisch beschlossene Entscheidungen nachträglich demokratisch frisiert werden.

Das »gute Recht der Bürger« besteht darin, einer abgekarteten Inszenierung als Statisten den Anstrich von demokratischer Legitimation zu geben und sich dieser Farce anschließend brav zu fügen. Die Anweisung der *FAZ* an die Grünen ist deutlich: Bringt eurer Klientel gefälligst endlich bei, sich an unsere Spielregeln zu halten. Nötig wäre das nicht unbedingt gewesen, denn die Grünen haben das längst begriffen und vor allem, wie es im Funktionsträgerjargon heißt, auch »umgesetzt«. Denn das ist wiederum »freilich das gute Recht« der Grünen; was soll man sagen außer: geschenkt.

Wenn die *FAZ* verkündet: Protest, das ist dein gutes Recht / Dann wird mir, und nicht um des Reimes Willen, nur noch schlecht.

# Jetzt mit grünem Bio-Siegel
## Was »Stuttgart 21« lehrt

Am 30. September 2010 zeigte die Staatsmacht in Stuttgart, zu welchen Mitteln sie greift, wenn es mit der Demokratie dann aber auch mal gut ist. An diesem Tag, der seitdem als »Schwarzer Donnerstag« Geschichte macht, ging die Polizei weisungsgemäß mit großer Brutalität gegen Demonstranten vor, die das Immobilienprojekt »Stuttgart 21« ablehnten und das zum Ausdruck brachten. Ein Beamter der lokalen Kriminalpolizei hatte schon vorher gesagt: »Da geht es um so viel Kohle, am Ton bei uns höre ich, dass sie im Zweifelsfall auch die Luftwaffe schicken...«

Die Gewalt zeigte Wirkungen verschiedener Art; an der Oberfläche gab es Empörung und großes Medieninteresse, aber in vielen Gegnern von »Stuttgart 21« wirkte das Entsetzen langfristig tiefer: Wenn die derartig ernstmachen, bin ich dann doch lieber in der dritten Reihe oder weg. Am besten delegieren wir das. Genau das ist gemeint, wenn von »Nachhaltigkeit« die Rede ist. Angst wirft einen langen Schatten. Zeig ihnen die Instrumente, und dann schick den Priester rein.

Und so kam ein Schlichter ins Spiel, nicht ein Schlächter wie Augusto Pinochet, der einmal erklärte: »Die Demokratie muss gelegentlich in Blut gebadet werden, damit sie fortbestehen kann« und der genau das auch tun ließ, »gelegentlich«. Nein, es kam ein »kritischer Kopf« und »Querdenker«, der alte Jesuit Heiner Geißler, der schon als CDU-Generalsekretär Pazifismus und Appeasement-Politik nicht auseinanderhalten konnte oder wollte und der seit 2007 als Attac-Mitglied auf dufte macht.

Von da an ging's bergab. Es wurde über »Stresstests« geredet, über Gutachten und Gegengutachten, die Sache wurde auf eine rein technische Ebene gehievt, auf der dafür bezahlte »Experten« sprachen und Demonstranten in die »Davon versteht ihr nichts«-Ecke gedrängt wurden. Dass es nicht um Züge ging oder geht, sondern um Immobilien, um Geld und um Macht, war kein Thema mehr. So entpolitisiert man den Protest und erniedrigt ihn zur Begleitfolklore, die dann als »demokratische Teilhabe« gelobt wird. Und wenn alle lieb sind, dürfen sie sich hinterher sogar im Fernsehn ankucken und sich dafür loben lassen, wie schön »bunt« und »lebendig« doch ihr »Beitrag zur Demokratie« ist. Während die Erwachsenen die Beute unter sich aufteilen.

An diesem Vorgang hatten Sozialdemokraten und Grüne in Baden-Württemberg so lange nicht partizipieren dürfen; nun konnten sie endlich mitschwimmen auf dem schönsten Fluss der Welt, dem Fluss des Geldes. Sie mussten die Sache nur für legal erklären, und das taten sie auch, mit grünem Bio-Siegel.

Journalistisch ist die Sache damit ebenfalls »durch« oder »abgefrühstückt«. Von Stuttgart Einundzwanzig hört man nicht mehr viel. / Die Medien? Kettenglieder, Teil vom Spiel.

# Kalkulierbares Restrisiko

Die Sprache der Propaganda kann Menschen zur Aggression aufpeitschen, zu irrationalem Hass; wer die Psychologie der Massen beherrscht, kann aus vielen zurückhaltenden Einzelnen einen rasenden Mob formieren. Zum Repertoire der Propagandasprache gehört aber auch das Beschwichtigen, das Dämpfen von Unmut und Wut, das Einlullen; hier wird die Sprache zum Wiegenbett, in dem der Schlaf der Vernunft erzeugt wird.

Zu diesem Zweck werden Versatzstücke kreiert – kreiert oder doch eher ge-krei-ert? –, die unfallfrei aufgesagt und endlos repetiert werden können. Die Sprechmodule »Es gibt ein gewisses Restrisiko« oder »Ein Restrisiko ist nicht auszuschließen« erlebten millionenfache Wiederholungen, und so kam, durch die Methode »Steter Tropfen höhlt den Stein«, ein Wort in den menschlichen Kopf, das der aus Gründen von sich weisen müsste: Restrisiko.

Restrisiko ist Unsinn, Restrisiko heißt: Risiko. Die Vokabel Restrisiko soll den Eindruck erwecken, es handele sich um ein geringfügiges, ein kalkulierbares, ein überschaubares und kontrollierbares Risiko: alles nicht so schlimm oder schlümm, keine Sorge, es passiert schon nichts, ein bisschen Risiko gibt es immer, wer nicht wagt, der nicht gewinnt, und so weiter.

Selbstverständlich gibt es nichts Riskanteres als das Leben; zur Beschreibung des nukleartechnologischen Zerstörungspotentials sind suggestive Verharmlosungsbegriffe aber ungeeignet. »Entsorgungspark« klang nach sorgenfreien Spaziergängen in der Natur, nicht nach atomarer Verseuchungsgefahr. Selbst die unschön klingende deutsche Wortfügung »Endlager« legt ja noch nahe, dort herrsche für immer und alle Zeiten Ruhe und alles sei also in Ordnung und im Lack, jedenfalls bestehe kein Grund zur Sorge, zur Beunruhigung oder sogar zum Protest. Denn über allem schweben und über alles wachen jene, die geringfügige Restrisiken souverän kalkulieren, überschauen und kontrollieren können.

Wer sich mit Sprache beschäftigt, bewegt sich auf psychologisch virulentem Gebiet. Die Eindämmung einer Panik ist keine Angelegenheit des Intellekts, sondern eine des Gefühls; wer beruhigen will, muss Vertrauen ausstrahlen wie ein Bernhardiner Hütehund und rhetorisches Valium im Gepäck haben: geringfügig ... kalkulierbar ... Restrisiko.

Man soll niemanden zur Hysterie verführen und Angst nicht rhetorisch verstärken; der Mensch wird nicht besser und handelt nicht besonnener, wenn er in Panik gerät oder versetzt wird. Aber den Leuten über ernsthafte, tödliche Gefahren Kindersand in die Augen und rhetorische Sedative in die Ohren streuen ist ein mieses Geschäft und auch Ausdruck schierer Verzweiflung. Der die Welt regierende Kapitalismus und Konsumismus, der auf Steigerung von Profit und Rendite um jeden Preis basiert und besteht, fährt sich gemäß seiner eigenen inneren Logik gegen die Wand. Nichts ist im Lack; es ist, im Gegenteil, der Lack ab.

Wer regieren will, der muss es auch können, sonst steht er nackend oder nackicht da und sagt seinen Sermon auf vom überschaubaren, kontrollierbaren Restrisiko. Es sind Kindergebete, die niemand mehr glaubt.

Auf die nächsten Kreationen der Sprachpropagandabranche darf man gespannt sein, und das Kabarett wird den Kalauer »Des Pudels Kernschmelze« totsicher nicht verschmähen.

# Von Stresstestern und Resteessern

Kennt irgendjemand einen Stresstester? Oder weiß, wie man so etwas wird, Stresstester? Ist Stresstester ein Ausbildungsberuf? Oder eher etwas für Quereinsteiger? Was macht ein Stresstester genau? Wie sieht bei einem Stresstester das aus, was Anforderungsprofis »Anforderungsprofil« nennen? Muss der Stresstester Stress testen, bis Stresstestosteron ausgeschüttet wird? Sind Stresstester auch Stressesser?

Man weiß es nicht, aber zumindest theoretisch muss es Stresstester geben. Schließlich hat die »Gesellschaft für deutsche Sprache« in Wiesbaden »Stresstest« zum »Wort des Jahres 2011« gekürt, und wo ein Stresstest ist, da dürfen die Stresstester nicht weit sein; irgendwer muss den Stresstest ja durchführen.

Begründet hat die Jury ihre Wahl damit, dass »Stresstest« eigentlich ein Begriff aus der Humanmedizin sei, doch habe man im Jahr 2011 auch Atomkraftwerke, Regierungen, Banken und Bahnhofsprojekte Stresstests unterzogen. Das ist so sensationell wie die Worte »hebeln«, »Arabellion«, »Merkozy«, »Fukushima«, »Burnout«, »guttenbergen«, »Killersprossen« und die Floskeln »Ab jetzt wird geliefert!« und »We are the 99 %«, deren massenmediale Verwendung den Sprachgesellschaftern gleichfalls erwähnenswert scheint.

Daseinszweck der Gesellschaft für deutsche Sprache ist offenbar, einmal im Jahr den medial angefallenen Sprachgargel zu sichten, ihn dann nicht zu entsorgen, sondern ihn im Gegenteil in den Ventilator zurückzuwerfen und so erst recht und quasi wie geadelt unter die

Leute zu bringen. Bewährt ideenlos statistiken die Wiesbadener Medienresteesser vor sich hin und lassen einmal jährlich ihren »Wort des Jahres«-Wind fahren. Wie sagte man früher zu solchen Selbstaufbläsern? Jetzt mach' hier mal nich' so'n Stress.

# Marktkonforme Döner-Morde an demokratischen Gutmenschen
## Über das »Unwort des Jahres 2011«

Man kann politische Vorgänge mit den Mitteln der Sprache nicht aufhalten, aber man kann sie beschreiben, bewerten und damit möglicherweise beeinflussen. Aus diesem Grund und Motiv wird in Deutschland in jedem Januar das »Unwort des Jahres« gekürt. Die Jury möchte mit ihrer Wahl auf Entwicklungen hinweisen, die sie für bedenklich oder falsch hält und die sie in einem unreflektierten Sprachgebrauch manifestiert sieht.

Zum »Unwort des Jahres 2011« wurde der Begriff »Döner-Morde« gewählt, auf Platz zwei landete die Formulierung »Gutmensch«. Rang drei erarbeitete sich die deutsche Bundeskanzlerin Angela Merkel, der eine »marktkonforme Demokratie« vorschwebte und die damit erklärte, eine Staatsverfassung habe sich dem Diktat des Profits zu unterwerfen. Eine »marktkonforme Demokratie« ist keine; dies mit dem hässlichen Wort »Unwort« zu ahnden, entspricht der Logik des »Unwort«-Gremiums ebenso wie die Ächtung der flapsigen Formulierung »Döner-Morde«, die nicht nur Polizistenjargon ist, sondern auch massenmedial Verwendung findet.

Eine solche Sprachregelung ist zweifelsohne so »verharmlosend« und »unangemessen«, wie die »Unwort«-Juroren das geltend machen. Es handelt sich um die Ermordung von zehn Menschen durch eine vom deutschen Verfassungsschutz gedeckte Neonazibande. Einem Kopf, dem zur Beschreibung dessen das Wort »Döner-Morde« entquillt, ist wohl nicht mehr zu helfen; so weit und so selbstverständlich unter zivilisierten Erdbewohnern.

Dass die »Unwort«-Jury aber auch die Invektive »Gutmensch« als Ausdruck falschen Bewusstseins kritisierte, sprengt den eher engen Rahmen ihrer Empörung über die sprachliche Dokumentation gesellschaftlicher Tendenzen auf erfreuliche Weise. Es gab in den 1990er Jahren Gründe, das Wort »Gutmensch« abwertend zu verwenden. Pfarrer saßen in Parlamenten, Schlaftabletten wie Antje Vollmer und Friedrich Schorlemmer luden zum Pastoralverkehr, Intuition und Intelligenz galten nichts und wurden ersetzt durch bleiernes Frömmelantentum. Die Vokal »Gutmensch« richtete sich gegen die Gratismoral von Leuten, die danach trachteten, jede vernünftige Debatte mit der Behauptung ihrer eigenen angeblichen moralischen Höherwertigkeit zu ersticken, für die sie allerdings jeden Beweis schuldig blieben. Sie waren einfach die guten und also die besseren Menschen, basta!

Mittlerweile aber ist »Gutmensch« ein Gratisanwurf geworden gegen jeden, der sich nicht der »normativen Kraft des Faktischen« unterwirft, wie man das früher formuliert hätte. Wer beispielsweise *Bild* nicht für ein durch die Pressefreiheit legitimiertes Medium hält, sondern für das Zentralorgan veröffentlichender und veröffentlichter Niedertracht und Gemeinheit, darf mit dem Etikett »Gutmensch« rechnen. Wer überhaupt der Ansicht ist, dass es für alles, was ihm und anderen als Realität zugemutet wird, eine Alternative gibt, ist angeblich ein verächtlicher »Gutmensch«. Dabei macht er nur von seinem Kopf und von seiner Phantasie Gebrauch; beide sagen ihm, dass schlechte Verhältnisse nicht unabdingbar sind und keineswegs »alternativlos«; so hieß das »Unwort des Jahres 2010«.

Wenn »Gutmensch« bedeutet, das Vorgefundene, Angebotene und Aufgezwungene nicht für das einzig Mögliche zu halten, sondern für etwas Vorläufiges und Verzichtbares, über das man streiten, diskutieren, spotten und lachen kann, bin ich gern ein »Gutmensch«, der Demokratie nicht für »marktkonform« hält und der als »Döner-Morde« ausschließlich alle gelungenen Versuche ansähe, Menschen durch verdorbenes Kebab absichtlich zu Tode zu bringen.

# Gestank des Vaterlandes

In der Schlange der Kaufhalle steht zwei Plätze vor mir eine Frau; sie ist groß und üppig, ihr langes schwarzes Haar fällt auf ein rotes Frühlingskleid. Mehr sehe ich nicht von ihr, zwischen uns steht ein Mann, der streng nach sich selbst riecht und von dem ich entsprechend Abstand nehme. Trotz seiner Olfaktoralaura kann ich aber hören, wie er die vor ihm stehende Frau von hinten anspricht: »Heb das Bein, das Vaterland will leben!«

Mein Leben ist nicht arm an Unerhörtem, aber den kannte ich noch nicht: »Heb das Bein, das Vaterland will leben!« Die Frau ist doch kein Hund, und wenn aber ein Hund das Bein hebt, hat das dann etwas mit einem Vaterland zu tun?

Es gehört zu den Berufskrankheiten des Sprachforschers, in allem Gesprochenen auch eine logische Komponente zu vermuten; es gibt verbale Äußerungen, die, weil sie jemandem aus dem Mund fallen, zwar augenscheinlich einem menschlichen Kopf entstammen, nicht aber dem Gehirn. Manches kommt offenbar aus anderen Organen, wird aber über den Mund umgeleitet, weil beispielsweise ein Darm oder ein Gemächt ja nicht sprechen kann.

Ich stehe wie zur Litfaßsäule erstarrt und sehe, wie die Frau sich umdreht. Ihr Gesichtsausdruck ist weniger wütend als fassungslos, nur ihre Augen schleudern grünblaue Blitze. Sie hat offenbar genau verstanden, was der Mann hinter ihr mit seinem »Heb das Bein, das Vaterland will leben!« meinte.

»Was haben Sie gesagt?«, fragt die Frau mit einer

Altstimme, die den Schaum eben noch bremsen kann. Der Mann, der ihr jetzt Auge in Auge steht, sagt nichts. Die Frau nimmt ihn Maß, ihr Blick sagt: gewogen und für zu leicht befunden. Ihre Nüstern blähen sich – offenbar hat sie seinen Dunst wahrgenommen –, ihr Mund verzieht sich leicht angewidert, und mit spöttischer Stimme sagt sie: »Was bitte hat das Liebesleben mit dem Vaterland zu tun, außer bei Leuten wie Ihnen, die kein Liebesleben haben und davon Nationalgefühle kriegen?«

Ich bin schwer beeindruckt. Der Mann vor mir ist es offenbar auch; er hat sich schon früh am Tag ein Eigenmassaker eingefangen und senkt die Knolle, die er als Kopf spazieren trägt. Die Frau zahlt ihren Einkauf und schreitet davon; das Wippen ihrer Monde, die man auch französisch *monde* aussprechen könnte, sagt dem Zudringling: Vergiss es; sowas Schönes kriegt einer wie du niemals.

Während der Wühltischfeminismus mit seiner Ikone Alice Schwarzer in die *Bild*-Gosse abgerauscht ist, in das Universum der calvinkleinen Schwänze, zeigen kluge Frauen, wie man lebt, und auch, wie politisch das Private tatsächlich sein kann: Nur wer sonst nichts hat, ist oder kann, braucht die Nation, die Religion der armen Schweine.

# Fuß heil !
## Dr. Stelzers »Mein Campher«, ein deutsches Wunderheilmittel

Auf dem Päckchen aus Stuttgart stand kein Absender. Ich öffnete es dennoch und hielt drei Schachteln mit der Aufschrift »Fuss-Heil« in Händen, genauer »Dr. Stelzer's Fuss-Heil, früher Perpedol Fuss-Heil«, und eine nackte Mauke war auch abgebildet. Die Sache war kryptisch. Der Apostroph als Katastroph' im Namen »Dr. Stelzer's« schien auf ostdeutsche Provenienz hinzudeuten. Ich nahm die Sache unter die Lupe.

Die Schachteln waren islamgrün und enthielten hellgrüne Tuben, auf denen zu lesen stand, dass Fuss-Heil von einem Apotheker namens Dr. Stelzer hergestellt wird und in der Fortuna Apotheke in der Löffelstr. 3 in 50597 Stuttgart erhältlich ist. Das »unentbehrliche Fußpflegemittel für jedermann« macht müde Füße geschmeidig und beugt der Blasenbildung bei Wanderungen ebenso vor wie dem Schweißgeruch. Sehr gut, lobte ich in Gedanken; Schweißfüße sind die Nazis unter den Körperteilen, sie verpesten alles mit ihrem Gestanke und lassen keine menschliche Regung mehr zu, sie töten als olfaktorisches Senfgas jedes zärtliche Gefühl ab und verwandeln die Welt der Sinne in eine Wüstenei der Trostlosigkeit.

Fuß-Heil aber würgt den Nazischweißfuß im Keime ab und enthält dabei keinerlei Konservierungsstoffe, sondern statt dessen unter anderem Bienenwachs, Menthol, Thymol, Lavendelöl und Campher.

Jetzt war ich mir sicher: Mein Campher – Fuß heil!, kombinierte ich blitzschnell und messerscharf. Hatte mir

jemand anonym eine Geheimcreme gesandt, ein Allheil-
mittel, mit dem man Nazis gleichzeitig ausschalten und
lächerlich machen kann? Ich sah die organisierten Hor-
den vor meinem geistigen Auge: »Fuß heil!« brüllt der
Vorturner, und dann recken alle den rechten Fuß über
Kopfhöhe, stehen kurz auf dem linken und kippen um,
purzeln durcheinander und kugeln auf dem Boden umher.
Während der Anführer, gleichfalls liegend und die
schmerzenden Extremitäten sich reibend, vergeblich versucht, aus dem Schrifttum mit dem Titel »Mein Campher« etwas für ihn ideologisch Relevantes herauszupres-
sen.

Ob Fuss-Heil solch wohltuende politische Wirkung zu
erzielen vermag, ist bislang noch unerforscht. Gesichert
dagegen ist seine lindernde Wirkung bei schnupfiger
Nase oder Reizhustenbronchien, bei Hämatomen aller
Art, Hautrissen, sogar bei Herpes. Wo immer ein kleines
Quantum Fuss-Heil aufgetragen wird, gedeiht der
Mensch, und er gedeihte wohl. Selbst als hilf- und taten-
reicher Menstruationsbegleiter hat Fuss-Heil schon viel
Gutes bewirkt bei Frauen und den assoziiert mitleidenden
Männern.

Der Absender des Stuttgarter Päckchens, das stellte
sich später heraus, war übrigens der große Medizinmann
und Schamane Vincent Klink, von dem der Ausspruch
stammt: Bevor nicht der letzte Nazischweißfuß verbannt
ist vom Antlitz dieser Erde, werdet ihr wohl niemals begreifen, dass man in Plastikschuhen nicht laufen kann.
Und das gilt auch für Veganer.

# Kohl log nicht
## Blühende Landschaft Ludwigshafen

Wenn man in Ludwigshafen am Hauptbahnhof aussteigt, riecht es scharf nach altem Bratfett. Im Zeitungsladen in der Bahnhofshalle fragt man nach Ansichtskarten der Stadt; eine junge Frau sagt im lokalen Idiom: »Ansichtskarten von Ludwigshafen führen wir überhaupt nicht.« Sie sagt das, als müsse man ihr dafür dankbar sein.

Die erste Ansicht von Ludwigshafen, die man vom Bahnhof aus gewinnt, ist der Anblick eines heruntergekommenen »Best Western«-Hotel-Rechtecks; wenn das »Best Western« ist, was wäre dann »Worst Western«? Von nicht minder gleißender Abgerocktheit ist das »Hotel Excelsior«-Hochhaus nebenan, und was man anschließend sonst noch von Ludwigshafen zu sehen bekommt, ist vor allem Architektur nach '45. Verglichen mit Trümmern mag das blühend aussehen.

Als dem eigentlich schon abgemeierten Bundeskanzler Helmut Kohl die deutsche Wiedervereinigung in den Schoß fiel, machte er sich die Sache zu eigen und hängte sich stolz um, was er den »Mantel der Gechichte« nannte. Den Ostdeutschen, die so gerne glauben wollten, sie hätten eine Revolution gemacht, versprach Kohl ab 1990 regelmäßig »blühende Landschaften«. Dann trat die Treuhand die alte DDR in die Tonne, und ganz allmählich dämmerte einigen ehemaligen DDRlern, was von vornherein festgestanden hatte und Sinn der Sache war: Man hatte sie hereingelegt, sie und ihr Land waren Beute.

Manche bezichtigten Helmut Kohl nun der Lüge; mit der Vehemenz enttäuschter Kinder wiesen sie auf das abgewrackte Land hin, in dem sie Blühendes nicht fanden. Doch Helmut Kohl hatte in diesem Fall nicht einmal gelogen; als er von »blühenden Landschaften« sprach, dachte Kohl an seine Heimatstadt Ludwigshafen. Er kannte es nun einmal nicht schöner und wusste es nicht besser; in den Augen des Betrachters Kohl war und ist Ludwigshafen eine blühende Landschaft. Nach diesem Vorbild wird seit 1990 ganz Deutschland gestaltet.

PS: Ansichtskarten von Ludwigshafen gab es dann in der Buchhandlung Dr. Kohl, die tatsächlich so heißt.

# Lieblingspolizeibericht

Leser Kai Jensen schickte mir eine Pressemeldung der Berliner Polizei vom 25. März 2011:

»Die Diebe auf dem heißen Blechdach – Polizei nahm zwei ›überzeugte Kirchgänger‹ fest.
Treptow-Köpenick. Ein nächtlicher Kirchgang im Baumschulenweg brachte zwei Buntmetalldieben keine Erlösung. Jetzt müssen sie auf Vergebung hoffen.
Gegen 1 Uhr 30 hatte ein aufmerksamer Zeuge in der Baumschulenstraße zwei verdächtige Personen beim Sprung von einem Kirchdach bemerkt, sofort die Polizei benachrichtigt und diese auch über das beobachtete Entschwinden in einem Auto informiert. Zwei alarmierte Polizeibeamte vom Abschnitt 65 bewiesen bei der Anfahrt den richtigen ›Riecher‹ und hielten zur Überprüfung einen aus Richtung der Kirche entgegenkommenden ›Golf‹ an.
Die zwei männlichen Insassen im Alter von 20 und 27 Jahren hatten sich offenbar schnell zu einem Schweigegelübde entschlossen. Ihnen war keine Äußerung zu entlocken.
Da die Beamten am Kirchendach fehlende Kupferteile entdeckten, sprachen die im Fahrzeug mitgeführten Werkzeuge und ein Kofferraum voller Kupferbleche deutlich gegen das Duo.
Die überführten Kupferdiebe wurden nach der erkennungsdienstlichen Behandlung und polizeilicher Vernehmung wieder auf freien Fuß gesetzt.«

Jensen fragte: »Wissen Sie, ob Eckhard Henscheid jetzt für die Pressestelle der Berliner Polizei arbeitet?«, und hat Recht damit: In dieser Pressestelle schlummert ein literarisches Großtalent. »Die Diebe auf dem heißen Blechdach« (und das zwei Tage nach dem Tod von Elisabeth Taylor!); die in Anführungszeichen gesetzten »überzeugten Kirchgänger«; das schimmernd schöne Wort »Buntmetalldiebe«; die »Erlösung« und die »Vergebung«; der wiederum in Tüddelchen gesetzte, gottvolle »richtige ›Riecher‹«; das »Schweigegelübde« und »das Duo« – der Autor verknüpft die Topoi Religion und Kleinkriminalität auf das Vorzüglichste und bringt auf engsten Raum die Poesie des Polizeiberichts voll zur Entfaltung.

Superb auch der Hinweis auf die »mitgeführten Werkzeuge«, der daran erinnert, dass Kriminelle ehrbare Handwerker sind, während uns Handwerker sonst ja permanent als legalisierte Kriminelle begegnen. Fein und doppelbödig ist dieser Text, ironiegesättigt, voller Liebe zum Detail und zur Sprache und dabei von großer Dichte. So beginnt ein künftiger Chesterton oder Simenon seine literarische Karriere. Mögen der Welt solche Delikte und solche Chronisten niemals ausgehen!

# Multiple Kulturkultur

Es ist Mode geworden, an ein beliebiges Substantiv das Wort »Kultur« anzuhängen, um den Gegenstand und damit auch sich selbst größer und bedeutsamer zu machen. Wer Messer und Gabel unfallfrei benutzen kann, repräsentiert mindestens schon die »gehobene Esskultur«, während alle, die sich im Stehen oder Gehen mit bloßen Händen etwas in den Kopf stecken und hinterschlingen, nicht fressen wie die Schweine, sondern »in der Fast-Food-Kultur zuhause sind«. Wer sich anwanzt und herumschleimt, wird zum »Teil einer lebendigen Arschkriecherkultur« erhoben.

Viel von dieser Art Kultur gab es auch schon immer beim MDR: die Wilfried-Mohren-Jürgen-Emig-Schmiergeld-Kultur oder die Florian-Silbereisen-Kultur, die den Tatbestand der optischen und akustischen Körperverletzung erfüllt; die Bernd-Hilder-Posten-durch-politische-Protektion-Abschnapp-Kultur allerdings konnte im MDR nicht Fuß fassen und musste bis auf weiteres weiter in der *Leipziger Volkszeitung* stattfinden.

Statt Hilder wurde Karola Wille Intendantin des MDR; die Juristin trat am 1. November 2011 die Nachfolge von Udo Reiter an, der im Dreiländersender eine gewisse Blondinenkultur gepflegt hatte.

Dass MDR als Abkürzung für »Mach Dich Reich« gilt, möchte Karola Wille ändern; sie will den MDR entskandalisieren und gegen Korruption, Selbstbereicherung und Veruntreuung vorgehen. Ohne Sprachblasen aber ist in solchen Häusern und auf solchen Positionen offenbar nichts zu haben; entsprechend möchte Frau Wille eine

»gemeinsame Führungs- und Verantwortungskultur entwickeln«, die Voraussetzung sei für eine »präzise Kontrollkultur« im Sender.

Wie schade. Führung, Verantwortung und Kontrolle würden ja völlig ausreichen. Muss immer der Kulturbeutel vorgezeigt werden? »Präzise Kontrollkultur« klingt nicht nur aufgeblasen, schwammig und nach einer besonders unangenehmen Melange aus Stechuhr und Stasi (die aber selbstverständlich »Stasi-und-Stechuhr-Kultur« heißen müsste); »Kontrollkultur« ist auch das Gegenteil von Kontrolle. Kontrolle heißt, dass man prüft, Kontrollkultur, dass man darüber redet.

Im Jahr 2001 veröffentlichte Eckhard Henscheid das Büchlein »Alle 756 Kulturen«, in dem er das inflationäre Kulturen-Gerede dokumentierte und damit abtat. Bei Henscheid finden sich bereits die »Führungs-« und auch die »Verantwortungskultur«; die erste stammt aus dem Jahr 1995 und wurde in der Firma Würth erfunden, die zweite dachte sich 1997 der frühere Bundespräsident Roman Herzog aus. Die »Kontrollkultur« dagegen ist neu, Karola Wille könnte sich also der Urheberschaft rühmen.

Wenn auf die Stoiber'sche »Kompetenzkompetenz« die Kulturkultur folgt, ist die Happy-End-Kultur perfekt.

# Auf der Wortschatzinsel

Der Duden ist ein gefährliches Buch. Wer es zur Hand nimmt, um sich nur eben mal kurz der richtigen Schreibweise eines Wortes zu versichern, findet sich eventuell noch Stunden später blätternd und sinnend wieder: Ist »Bratpfanne« nicht ein herrliches Wort? Was für ein schöner Klang: Auf das gedehnte, öffnende »Brat«, folgt erst das luftige »pf« und als trockener Abgang dann »anne«, was an einen alten Rattelschneck-Witz erinnert: »Wie heißt du? Anne? Anne Fresse oder was?«

Das klingt roh, doch die Bratpfanne zeigt sich hilfreich bei der Kulturleistung, das Rohe zu überwinden. Welche Köstlichkeiten man in einer Bratpfanne zubereiten kann – es sei denn, man wäre Karl Mays kleines sächsisches Alter Ego »Hobble-Frank«, der als Gefangener der Indianer Elch in Schießpulver briet. Und woher stammt eigentlich die Redewendung »Den könnte ich mit der nassen Bratpfanne erschlagen«? Muss die Pfanne zu diesem Zweck tatsächlich nass sein?

Als ich im Duden auf die Bratpfanne stieß, hatte ich eigentlich das Wort »Bowdenzug« nachschlagen wollen, das bei mir als Kind immer »Bautenzug« hieß. Ob die sich selbst »Biker« nennenden Radfahrer, die bunt behelmt und in grelle Pellen eingezwängt für Verkehrs-und-Augen-Krebs sorgen, auch wissen, dass die Zugkraftübertragungskabel ihrer Bremsen nach dem englischen Erfinder Bowden heißen?

So kann es einem ergehen, wenn man die weite Welt des Duden betritt, eine Worschatzinsel voller Abenteuer und Geheimnisse. Dass man die in Deutschland gebrauchten Worte wenn nicht im Kopf, so doch handlich gebunden im Regal stehen haben kann, ist auch Konrad Duden (1829-1911) zu verdanken, einem Philologen, dessen *Vollständiges Orthographisches Wörterbuch der deutschen Sprache, nach den neuen preußischen und bayerischen Regeln* im Jahr 1880 im Verlag des Bibliographischen Instituts Leipzig erschien und als erstes verbindliches Regelwerk der deutschen Sprache gelten darf.

Zwar begannen die Brüder Jacob und Wilhelm Grimm schon 1838 die Arbeit an ihrem »Deutschen Wörterbuch«, mit dem sie den ganzen Wortschatz der deutschen Sprache heben, ihrem Reichtum und ihrer Fülle ein Denkmal setzen und der Herkunft der Wörter auf den Grund gehen wollten und das auch auf unfeine Wörter und Schimpfvokabular ausdrücklich nicht verzichtet. Doch dieses Jahrhundertgroßvorhaben verschlang die Lebenszeit unzähliger Sprachwissenschaftler; erst 1961 konnte eine erste vollständige Ausgabe des Deutschen Wörterbuchs vorgelegt werden. Sie wog 84 Kilogramm.

Konrad Duden ging es dagegen um eine Vereinheitlichung der Schreibweisen; im kleinstaatlichen Deutschland des 19. Jahrhunderts hatten Verlage und Schulen ihre jeweils eigene Hausorthographie. Erst nach der Reichsgründung 1871 wurde der Wunsch nach einer allgemeingültigen Sprachordnung Befehl. Konrad Duden war der erste Hausmeister der deutschen Sprache. Das »Deutsche Wörterbuch« der Grimm-Brüder und ihrer Nachfolger ist das Paradies der deutschen Sprache; der Duden ist vergleichsweise ein Vorgarten Eden.

Allerdings ein blühender, den zu betreten unbedingt lohnt. Gemessen an der medialen Sprachwüste, in der jede Banalität unisono als »Wahnsinn«, »irre« oder »brutal wichtig« ausgeschrien wird und sogenannte »Eliten« zehntausendmal am Tag Einschüchterungsnullwörter wie »Effizienzoptimierung« oder »Optimierungseffizienz« von sich geben, gilt unbedingt das Wort des Dichters F.W. Bernstein:»Lesen gefährdet Ihre Dummheit«, im Original sogar »Dumheit«. Wer die Sprache liebt, muss Medien meiden und zu den Quellen gehen, von denen der Duden eben eine ist.

Der Eiertanz um die letzten Rechtschreibreformen hat dem Ansehen des Kompendiums geschadet; was von Dudens Nachfolgern in seinem Namen als angeblich »richtig« festgelegt wurde, löste meist alberne, aber fast immer erbittert, kleinlich und humorfrei geführte Debatten aus. Wenn Philologen unter sich sind, ist das nicht lustig, allenfalls unfreiwillig komisch. Als Herausgeber der Zeitschrift *Häuptling Eigener Herd* sehen Vincent Klink und ich uns seit Jahren »außerstande« beziehungsweise in zwei Worten »außer Stande«, Autorinnen und Autoren mit Rechtschreibregeln von erschütternder Vorläufigkeit zu behelligen.

Bei aller Gelassenheit gibt es auch Irritationen: Die dudenkorrekte Steigerungsform von »naheliegend« lautet nicht »näherliegend« sondern »naheliegender«. Gut vorstellen kann ich mir zwar die Lokalzeitungsmeldung »Ein am Ufer der Nahe liegender Mann erlebte am späten Freitagabend eine böse Überraschung, als ein in der Nähe frei laufender Dobermann Anstalten machte, das Gemächte des tief gebräunten Sonnenfreundes mit einem Snack zu verwechseln, einem Leckerchen, einem Appetithappen, einer Zwischenmahlzeit, einem Schoko-Riegel...«. Als Komparativ von »naheliegend« aber ist »naheliegener« eben nicht naheliegend, sondern fern jeder Logik.

Lieber halte ich mich an Joachim Ringelnatz, der empfahl, der Welt »mit kindlichem ›Ätsch-Ätsche‹« zu begegnen, rufe, wenn es denn dudenkonform sein muss, Konrad Dudens Maxime in Erinnerung: »Schreibe, wie du sprichst« und empfehle die Schreibweise al gusto. Denn in den Abweichungen von der Norm und in den Fehlern wird das Richtige umso deutlicher sichtbar. Klugheit ist die Fähigkeit, richtig und falsch trennen zu können. Man muss dazu beides kennen. Drastisch gesagt:

Wer waschzwanghaft die Scheiße leugnet, soll auch vom Essen nicht reden.

Trotz aller ihm auch innewohnenden Rechthaberei ist der Duden eine Fundgrube für Wortschatzsucher. Und allen, die mit der aus ihrer Hohlbirne herausgequakten »Nachhaltigkeit« die Sprache zu mindern und sich selbst zu vergrößern trachten, sei gesagt: Eure Nachhaltigkeit hat nicht den geringsten Nachhall. Aber vielleicht wird ja etwas draus, wenn endlich auch Zuhälter Nachhaltigkeit fordern?

Auch wenn sich die Blödwelt noch so anstrengt: sie kriegt die Sprache nicht kaputt. Sprache ist ein Ozean und kann modische, wichtigtuerische Bescheuertheiten wegstecken, sie sich einverleiben und verdauen. Und sie kann zurückschlagen: präzise, klar, auf den Punkt, opulent, bildhaft und sinnlich. Dagegen kommt kein Bürokratenheer an, jedenfalls nicht im richtigen Leben.

»Der Herr ist mein Hirte, mir wird nichts mangeln«, heißt es in einem berühmten Psalm, der tröstlich gemeint ist. Ich kenne »mangeln« aus meiner Kindheit: Mit meiner Omma holte ich die Wäsche aus der Heißmangel. Meine katholischen Mitschüler kannten das Wort auch und sprachen, nach dem sie Priesterkontakt hatten, den Psalm etwas anders: »Der Herr ist mein Hirte, er wird mich mangeln.«

Menschen bezahlen fürs Lügen und lassen sich dafür bezahlen; ihre Sprache aber verrät sie alle.

# Mit Karl Kraus in der Bahn

Die deutsche Bahn erwies sich als ungewöhnlich großzügig und verschenkte einmal nicht Knabberkram oder Naschwerk, sondern destillierten Geist: »›Erlaubt ist, was missfällt‹ Karl Kraus zum Vergnügen« heißt ein knapp 160 Seiten starkes Bändchen, das 2007 bei Reclam erschien und das wenige Jahre später in der ersten Klasse an Passagiere der Deutschen Bahn verteilt wurde. Im Buchhandel kostet es vier Euro und enthält Scharfsinn, für den es keine Geldwährung gibt, sonst wäre Karl Kraus ein schwerreicher Mann geworden.

»Meine Sprache ist die Allerweltshure, die ich zur Jungfrau mache«, schreibt Karl Kraus, seine Liebe zur Sprache vereint Poesie und Präzision. Was finden die Deutschen bloß an Buchschwarten, die nur deshalb so dick sind, weil die Sprache nicht dicht ist? »Es gibt Schriftsteller, die schon in zwanzig Seiten ausdrücken können, wozu ich manchmal sogar zwei Zeilen brauche«, spottet Kraus.

Eine Auswahl seiner Aphorismen in der Deutschen Bahn zu verteilen, wo selbst die simpelste Weitergabe einer Informationen eine Lautsprecherdurchsage nicht unfallfrei übersteht, ist kühn. Und manchem Fahrgast, der Kraus liest und dessen Pointiertheit und Dichte mit seinem eigenen Mobiltelefongebrabbel vergleicht, bliebe eigentlich nur noch der Sprung aus dem Zug.

»Bevor man das Leben über sich ergehen lässt, sollte man sich narkotisieren lassen.« Dieses Diktum von Karl Kraus sollte man bei der Deutschen Bahn beherzigen und stets genügend fähige Anästhesisten an Bord haben.

# Aus der Frühlingsforschung

Frühling ist's, aus allergenen Nasen
läuft Wasser aus wie aus Blumenvasen.
Aus Vasen? Ach, ich will's euch nicht verübeln –
Euch suppt der Schnodder wie aus Kübeln!
Früh blüht, was eine Geißel werden will.
»Ha-tschi! Ha-tschü!« Wir haben März-April.

So sieht es aus, wenn der Mitmensch vom Aggregatzustand der Winterverwitterung nahtlos ins Frühlings-Erwach-Fach hinübergleitet. Regelrechte Sekretschüttungen sind es, die einem um die Ohren fliegen aus gequälten Trompetennasen, und man kann froh sein, wenn man nur akustisch erwischt wird.

Dennoch verfügt man sich kühn ins Freie, auch wenn das schon überbelegt ist wie manche dieser »Brötchen« genannten Geschmacksneutren, deren untere Hälfte remouladig beglitscht wird; »Pffffhhhhrrrtt« kommt die Soße aus der Plasteflasche, dann werden Gummikäse, Quälputenbrust, geschmacksfreie Scheiben von trittfesten Tomaten und Gurkenschnitze dazugepackt, das obligatorische labbrige Salatblatt zum Abbinden aufgelegt und final die ebenfalls beremouladete zweite Gefrierteighälfte draufgequetscht. Am Anblick der vergeblichen Versuche, solch ein kinderkopfgroßes Trumm manierlich oder wenigstens in Restwürde zu verzehren, weiden sich Schaulustige, wenn gerade kein größeres Unglück in Gaffnähe ist.

Ich gestehe allerdings, dass auch ich der Voyeurmaxime »Wir dürfen nicht wegsehen« folge, wenn jemand

versucht, so etwas auch noch im Gehen aufzuessen, ein-
händig, weil die andere Hand ein Mobiltelefon halten
oder ein Rollgepäckstück zerren muss, und dass ich es
auch nicht ungerecht finde, wenn der Preis für die Kleid-
erreinigung um ein vielfaches höher liegt als der für eine
»leckerer Snack« genannte Mundgranate.

Aus der Tür in den Frühling gehen ist eine Wohltat.
Zwar setzt eine gewaltige, übermächtig wirkende Mutti-
Vatti-Kind-Alqaida alles daran, den Genuss des öffentlichen Raums für alle anderen als sie selbst einzuschränken
und rigide zu reglementieren, und die demonstrierte alternative Lebensweise, die in stillos wetterjackiger, voll-
behelmter Montur und in permanentem Kinderbebrabbeln
und -bejabbeln ihren Ausdruck findet, kann tatsächlich
Augen- und Ohrenkrebs erzeugen. Das parentale Gewür-
ge bemerkt seine Peinlichkeit schon deshalb nicht, weil
es die Mehrheit stellt, wozu ja wesenseigen immer gehört, sich als verfolgte, bedrohte Minderheit aufzuman-
deln. Unsere Terrorismusforscher müssen sich fragen
lassen: Was ist die Gründung einer Revolutionären Zelle
gegen die Gründung einer Kleinfamilie?

Im Café liegen Nachrichtenmagazine aus; Nachrich-
tenmagazin ist ein anderes Wort für Blindtext mit Bildern.


Sie werden grün, wenn sie verzweifelt nach der
                                   Kundschaft tasten.
Der *Spiegel* titelt nicht mit Hitler, sondern mit:
                                   Heil fasten!

# Bauchgefühle, Kopfgedanken

Der Mensch hat einen mehr oder weniger großen Bauch, er hegt auch diverse Gefühle, und wenn er aber keine Instinkte hat und keine Intuition, dann hat er stattdessen »Bauchgefühle«, die er gerne öffentlich zeigt.

Eine Katja Schnitzler, deren Berufswunsch »irgendwas mit Medien« bedauerlicherweise in Erfüllung ging, interviewte für *sueddeutsche.de* einen Achim Lucchesi, der in Frankfurt als »Sicherheitsassistent« arbeitete und ein Buch mit »Geschichten aus dem Handgepäck« darüber schrieb: »Liest man über Ihre Erfahrungen am Frankfurter Flughafen, kann man den Eindruck bekommen, dass es allein vom Bauchgefühl eines Sicherheitsassistenten abhängt, ob etwas Gefährliches gefunden wird. Oder eben nicht.«

So entsteht, was bei Journalisten Qualitätsjournalismus heißt und wiederum ein anderes Wort für Bauchgefühle ist. Oder sollte man Kopfgedanken dazu sagen? Was die Qualitätsjournalistin und den Sicherheitsassistenten eint, ist die Entschlossenheit, der Welt zu geben, was sie nicht braucht und sich damit dicke zu tun. Der Passagiereanfasser Achim Lucchesi bekennt genüsslich: »Besonders arrogante Passagiere kann man kurieren, indem man sie auch noch die Schuhe ausziehen lässt. Und vielleicht noch einen Sprengstofftest beim Laptop macht. Ganz gemütlich.«

Sprache ist herrlich und die reine Psychologie. Wenn der Geist wach ist, lässt er ein Dechiffrierungs- und Übersetzungsprogramm simultan mitlaufen. »Kurieren ... Schuhe ausziehen lassen ... ganz gemütlich«: hier entblößt einer seinen Aufseherhumor, hier tobt sich das Sado-Pädagogo-Potential aus, das ein Minderwertigkeitskomplex auf Beinen angesammelt hat. Das sind echte Bauchgefühle, nach deren Maßgabe ein »besonders arroganter Passagier« ist, wer es nicht mag, angehausmeistert zu werden und wer die massenhafte Präsenz von Polizisten und anderen uniformierten Securitykräften keineswegs als sicherheitsstiftend empfindet, sondern als überflüssig, unangenehm und tendenziell belästigend bis bedrohlich.

Doch die vornehmste Pflicht des Qualitätsjournalismus ist es, denen eine Stimme zu geben, ohne deren Penetranzexistenz die Welt ein angenehmerer Ort wäre.

# Schnittstelle

Wenn es um die Trommelfelle herum stark zischelt, dann liegt das oft an dem Wort »Schnittstelle«. Immer häufiger bekommt man es zu hören: Schnittstelle, »sch-scht« macht das und klingt scharf in den Ohren, zwischen denen langsam eine Frage Gestalt annimmt: Was ist oder was wäre denn eine Schnittstelle?

Was ist gemeint, wenn Fußballkommentatoren behaupten, dass ein Pass »in die Schnittstelle« gespielt werde? Sind Messer im Spiel? Warum haben manche Computer eine »Infrarot-Schnittstelle«, andere aber einen blauen Zahn alias »Bluetooth«? Wenn man von einer »Schnittstelle zwischen Wirtschaft, Politik und Kultur« hört, ist das dann der Name des Lokals, in dem die Konjunkturkorrumpelei stattfindet, mitsamt Hauen und Stechen? Ist die Schnittstelle der Platz, an dem schlagende Verbindungsleute sich Narben ins Gesicht machen?

Ein Wirtschaftslexikon definiert die »Schnittstelle« als einen »durch Arbeitsteilung entstandenen Transferpunkt zwischen Funktionsbereichen, Sparten, Projekten, Personen, Unternehmen etcetera«; aber was ist, von dubiosen »Projekten« abgesehen, ein »Transferpunkt«? Und inwiefern und wodurch unterschiede sich ein Transferpunkt von einer Schnittstelle?

Wo es Schnittstellen gibt, da ist auch das »Schnittstellen-Management« nicht fern, das sich, wie mir die zuverlässig auskunftfreudige Schnittstellenkompetenzstelle Internet mitteilt, um »Abstimmungsprobleme zwischen Marketing und Forschung und Entwicklung« und um das »Management von Forschung, Entwicklung und Innovation« kümmert. Liegt es immer am Kopf, wenn ihm wirr wird? Oder doch an dem Zeug, das herumschwirrt?

Wann und wo immer »Schnittstellen gemanaget« werden, ist nichts klar, klingt aber immerhin geregelt; da fehlt zur perfekten Abrundung und Kanonisierung des Schnittstellen-Kosmos eigentlich nur noch die »Schnittstellen-Kultur«. Diese klaffende Lücke, um nicht zu sagen: diese Schnittstelle, wird aber, keine Bange, längst durch das Friseurwesen ausgefüllt. Denn der Salon für sie und ihn heißt, Sie erraten's auf die Schnelle, ganz selbstverständlich »Schnittstelle«.

Wenn ich sage: »Nationalismus ist die Religion der ganz armen Würste«, dann entsteht eine Schnittstelle zwischen Vaterland und Muttersprache, die man auch »Kluft« nennen kann; wenn ich dagegen Stullen, Kniften oder Bemmen schmiere und dazu vom Brot und von der Wurst die Scheiben heruntersäbele, habe ich es mit Schnittstellen zu tun, die »Anschnitt« heißen.

Doch gerade bei der Küchenarbeit empfiehlt es sich nicht, die Schnittstellen der Muttersprache zu reflektieren. Durch sogenanntes »Multitasking«, ein Propagandawort für die Unart, mehrere Dinge gleichzeitig zu tun und weder ihnen noch Menschen oder Situationen seine ungeteilte Aufmerksamkeit zu schenken, wird man unachtsam und schneidet sich in den Finger. Und weiß dann endlich ganz genau und höchstpersönlich, was eine Schnittstelle ist.

Sie heißt: Aua, oder, wie schon Friedrich der Große als sehr junger Mann schmerzhaft erfuhr: First Katte is the deepest.

# Journalisten sind Spanner

»Journalisten sind Helden« lautet die Überschrift einer Anzeigenkampagne, mit der die Axel Springer Akademie einen neuen Jahrgang Journalistenschüler rekrutiert. Helden sind Menschen, die sich gegen Geld eine Uniform anziehen, in die weite Welt hinausziehen und Zivilisten umbringen. Dass eine Ausbildung an der Springer-Akademie dabei nicht schaden kann, wird jeder einsehen, der zuvor Einsicht in ein Springer-Blatt nahm.

Wie es sich für Journalistendarsteller gehört, folgen die Autoren des Springer-Kampagnentextes der Maxime »da mal nachhaken« und stellen die Heldenfrage: »Sind sie das wirklich? Sie können es zumindest werden, im Großen wie im Kleinen. Wenn Journalisten ihr Handwerk richtig beherrschen, wenn sie ihren Beruf mit Leidenschaft und Beharrlichkeit ausüben, dann können sie eine Menge erreichen – und dadurch manchmal die Welt ein bisschen besser machen.«

Auch das ist, bei allem grässlichen Kitsch, nicht ganz falsch: Wenn ein Söldner vom Springer-Pressekorps im Zinksarg heimkehrt, dann ist die Welt möglicherweise »ein bisschen besser«. Eine Dame namens Nicole könnte das am offenen Grabe ästhetisch adäquat zur Klampfe besingen.

Die Springer-Akademie möchte aber nicht richtig verstanden werden, sondern im Gegenteil so: »Wir stellen (...) Journalisten vor, aus aller Welt, junge und alte, denen Außergewöhnliches gelungen ist. Die für eine Sache stehen und zu Vorbildern unserer Branche geworden sind. Zum Beispiel der Italiener Roberto Saviano, der die

Praktiken der Mafia beschrieb, Täter beim Namen nannte und seitdem versteckt leben muss.«

Dabei ist ein Springer-Journalist doch einer, der Saviano findet, sich als Freund bei ihm einschmeichelt, ihn interviewt, dann seinen Aufenthaltsort an die Mafia verrät, dafür exklusiv die Fotos von Savianos Ermordung schießen darf und in seinem Text Savianos tragisches und dramatisches Ende beweint. So eingeschleimt wie abgefeimt, das ist der Bringer bei Springer.

»Warum reden wir eigentlich so oft unseren gesamten Berufsstand schlecht?«, fragen die Koberer von Springer und legen die Treuhand aufs Herz: »Mit unserer neuen Kampagne wollen wir die Möglichkeiten aufzeigen, etwas zu bewirken. Wenn wir nur neugierig und hartnäckig genug sind.« Und beispielsweise so neugierig wie hartnäckig fragen: »Bringt ein Tampon Kachelmann in den Knast?«

Die Selbstreklame der Springer-Akademie verkündet: »Reporter ist einer der spannendsten Berufe, die es gibt.« Auch das stimmt wortwörtlich: Journalisten sind Spanner, manche sogar Schuhspanner: Verglichen mit der Springer-Presse sind Springer-Stiefel harmlos.

# Erstes fett

»Das Publikum spielt hier ziemlich fett die Hauptrolle«, sprach Jan Feddersen im ARD-Nachtmagazin. Es war ein doppelter Werbespot. Feddersen machte Reklame für seine Beteiligung am Eurovisions-Abgeschmack, dem Festival der Volksmusik für etwas Jüngere. Wer über Jahre öffentliches Hampeltraining ventiliert, das nichts mit Musik zu tun hat, gilt landesweit als Experte; die ARD bewarb ihre Veranstaltung, einen Aufgalopp von Mediennutten und Nuttenmedien, zwangsgesponsort von jedem, der Fernsehgebühren zahlt. (Frank Plasberg war als Weich-aber-fair-Birne auch dabei.)

Weil in der Düsseldorfer Arena, in der dieser Eigenhype stattfand, eigentlich Fußball gespielt wird, bekam der Verein Fortuna Düsseldorf für drei Heimspiele ein ambulantes Stadion hingestellt, bezahlt aus den Kassen der Stadt und der GEZ. Damit nicht genug, präsentierte das Erste eine Live-Tournee der Söhne Mannheims, stellte also kostenlose Werbezeit für eine kommerzielle Veranstaltungsreihe zur Verfügung. Womit Gebührenzahler ungefragt den Profit von Mannheimer Seifensiedern finanzieren.

So wie angebliche Qualitätsprintmedien zu *Bild*-Kopien herabsinken (und das eurovisionale Defilee der Selbstdarsteller selbstverständlich auf Seite eins bringen), sind die öffentlich-rechtlichen Sender in der Schleimspur »privat« genannter kommerzieller Sender unterwegs. Das öffentlich-rechtliche Radio wird kaputtgespart, das Geld fließt in Massenidiotisierungsprogramme, die mit gewaltigem Aufwand in die Gehirne gedrückt werden, und wenn am Ende alle abgerichtet sind, korrupt und blöde, heißt es: Was haben Sie? Die Leute wollen das doch. Beziehungsweise in Feddersen-Sprech: »Das Publikum spielt hier ziemlich fett die Hauptrolle.«

# Papafitti für Anfänger

»Grafittis«, teilte Tom Buhrow in den ARD-Tagesthemen mit, »Grafittis verschandeln Berliner Mauer.« Ja gibt's denn die Mauer noch? Oder halluzinierte Buhrow sie nur? Worüber das Ankermännchen in Schlagzeilendeutsch sprechen wollte, sind die Mauerreste, die stehengelassen wurden als Attraktion für Touristen, mutige postsozialistische Antikommunisten und andere Quälgeister.

Der Siegburger Weltbürger Buhrow kann, was er mitteilen will, aber nicht so sagen; die »Graffitis«, die er meldete, sind ebenfalls frei erfunden. »Grafittis« gibt es nicht, die Mehrzahl von Grafitto heißt Grafitti.

Journalismus ist die Fähigkeit, etwas so zu formulieren, dass der Empfänger, so er langmütig genug ist, vielleicht erahnen könnte, was der Sender eventuell hätte sagen wollen. Wer solchen Halbalphabetisierten zuhört, lässt das große Irgendwie in seinen Kopf hinein, dem die Verwattebauschung droht, denn die ist Zweck und Ziel von Medien. Insofern stimmt auch das Märchen von der »vierten Gewalt«; der Journalismus kontrolliert Legislative, Exekutive und Judikative eben nicht, sondern korrumpelt eifrig mit und drückt Verlautbarungsflüssigzement in die Reste menschlicher Gehirne.

Rudimentäre Sprach- und Sprechkenntnisse wären bei dieser Tätigkeit nur hinderlich. Und so ist munter auch von »Paparazzis« die Rede, obwohl der Plural von Paparazzo doch Paparazzi lautet. Wobei mir in diesem Fall auch »Paparazzen« gut gefiele, und sei es nur wegen Papa Ratzinger, dessen weltweiter Propagandafeldzug für das Blöde und Böse ohne die penetrante Multiplikation durch Papas Ratzen deutlich weniger Erfolg hätte.

Dass der sogenannte Qualitätsjournalismus sich vom Treiben der Sensationsreporter substanziell unterschiede, ist eine weitere Legende, an deren Herstellung der Spiegelkabinettjournalismus unaufhörlich arbeitet. Verglichen mit den journalistischen Mitläufermassen, die Betriebsansprachen eines Papstes oder Familienfeierlichkeiten im englischen Königshaus erst in den Rang öffentlicher Nachrichten erheben, sind die paar Paparazzi doch eine harmlosere Plage.

# Scopa im Vatikan

In Nanni Morettis Film »Habemus Papam« gibt es eine Szene, in der kirchliche Würdenträger Karten spielen. Im Kino sagte jemand hinter mir: »Die spielen ja Doppelkopf«, aber das stimmt nicht. Die Herren vertreiben sich die Zeit mit Scopa, einem neapolitanischen Kartenspiel. Es hat 40 Karten mit Zahlenwerten von eins bis zehn, man spielt zu zweit, zu dritt oder zu viert. Zu Beginn erhält jeder Spieler drei Karten, vier werden offen in die Mitte gelegt. Dann gilt es, den Tisch dem Regelwerk des Spiels gemäß leerzufegen. Das Verb »scopare« kann man mit kehren oder fegen ins Deutsche übersetzen, umgangssprachlich bedeutet es aber auch »fare l'amore« beziehungsweise vulgär: ficken. Eine »scopa« im gleichnamigen Spiel ist ein besonderer Stich, für den es einen Extrapunkt gibt.

Mit Doppelkopf hat das wenig zu tun; auch physisch ist Scopa südlicher angesiedelt. Für Volljährige ist es ein netter Scherz, die Kirchenmänner Scopa spielen zu lassen, während die Ministranten und Novizen wissen, was die Glocke geschlagen hat, wenn einer der würdigen älteren Herren noch einen Stich machen will.

# Endlich wieder Wertedebatten!

Immer wieder putzig zeigt sich die Medienwelt: Die Frankfurter Allgemeine Internetbörse FAI schickt Josef Ackermann per Kurier einen Feuerwerksköper aus Beständen älterer Eintracht-Fans; der Bankier freut sich über die schöne PR als »Lieblingsfeind der Guten«, wie der *Stern* ihn nennt. Das *Time Magazine* ehrt die Teilnehmer an »Occupy«-Weihnachtsmärkten und macht »The Protester« zur »Person des Jahres« 2011. Der chinesische Römpömpelkünstler Au Wauwau, der die Auszeichnung schon so gut wie sicher im Sack zu haben glaubte, ist stinksauer, wird rund um die Uhr in der Pfanne verrückt und kommt aus den creativen Prozessen quasi gar nicht mehr heraus.

Denn »Arbeit ist der neue Sex«, wie der *Stern* weiß: »Viele von uns hängen sich mit einer solchen Leidenschaft in ihren Job, dass sie gar nicht mehr wissen, wie sich Erholung anfühlt. Sie denken, sie seien frei wie nie, dabei sitzen sie in der Falle der Moderne«, weiß das Blatt. Es muss schlimm zugehen in der *Stern*-Redaktion, dieser süßen Mausefalle der Topmoderne, auch Eintopfmoderne genannt.

Das finden auch Axel Hacke und Giovanni di Lorenzo. Nachdem die beiden Glossenolme 2010 mit ihrem Werte- und Wartezimmer-Bestseller »Wofür stehst du?« für eine Überflutung der Schlaflabors gesorgt hatten, in dem sie aus »den großen Themenfeldern Politik und Staat, Klimawandel, Gerechtigkeit, Migration und Fremdheit, Angst und Depression, Krankheit und Tod« alles abmolken, was sich an Plörre der staats- und medienfrommen

Denkungsart herauspressen ließ, legten sie ein Jahr später nach: »Wie steht er dir? Was in unserem Leben wirklich zählt« heißt der Folgeband, der die gewaltigen Themenfelder ditt und datt, Hans und Franz, Kiepenheuer und Witsch und Arsch auf Eimer beackert, nicht zu vergessen Zar und Zimmermann, Schuld und Sühne, tit for tat und Yin und Yang. Gehänselt wird niemand von den beiden eumeligen Werte-Gurus, gegretelt leider auch nicht.

# Denn der Hodensack
## Zum Welthodensacktag

Heute ist Welthodensacktag. Das ist natürlich eine große Sache, alle freuen sich schon. Festlich geschmückt sind Straßen und Plätze, Schulklassen übten Hymnen und Rundgesänge ein. »Wie bin ich froh über den Hodensack / zu dem ich niemals, niemals Skrotum sag'«, singen die Erstklässler und demonstrieren mit diesem Bekenntnis zum Hodensack ihr tiefes Einverständnis mit dem Sozialismus.

Sozialismus? ... Pardon, das war jetzt ein ... äääh ... älteres Manuskript ... jedenfalls ist das einvernehmliche Verhältnis zum Hodensack gesellschaftlich im ... ömm ... öffentlichen Bekenntnis zum Welthodensacktag .... ja ... also ... gewissermaßen dokumentiert. Und manifestiert, genau.

Niemals, und ich betone dies ausdrücklich, niemals werden wir. Denn der Hodensack. Dazu stehen wir, dafür stehen wir ein. Unverbrüchlich.

A propos: das Suspensorium. Das Suspensorium lehnen wir ab. »Mein Hodensack gehört mir«, so hat es schon unser Firmengründer gesagt, damals, im Jahre. Und so ist es ja auch.

Doch weist unser Weg über die Vergangenheit und die Gegenwart weit hinaus. Dem Hodensack gehört die Zukunft. Unser Motto, unsere Losung, unsere Parole lautet: »Mein Hodensack ist kein Accessoire!« Das ist nicht nur eine deutliche Absage an allzu modische Tendenzen, die in den letzten Jahren. Doch genug davon.

»Mein Hodensack ist kein Accessoire!« Allein der

Reim von »Sack« auf »Acc« macht deutlich, wo und wofür wir stehen: für das Gute und Richtige, für den Hodensack. Denn wer das Wort Accessoire »Assesswah« ausspricht, als handele es sich um einen deutschen Assessor, der ächtet und richtet sich selbst und ist des Hodensacks nicht würdig.

Meine Damen und Herren, verehrte Hodensäcke, der Welthodensacktag ist hiermit eröffnet.

# Nie wieder!

Ich erinnere mich, wie ich als Kind zum ersten Mal Scholle aß. Der platte Fisch lag goldbraun duftend auf dem Teller und schimmerte buttrig, meine Mutter mahnte, auf die Gräten aufzupassen, aber irgendwann erwischte ich doch eine, sie hakte sich in meinem Halse fest, und nur unter langwierigem Husten und Rükkenklopfen konnte ich mich von ihr befreien. Am Ende der Mahlzeit gelobte ich mit feierlichem Ernst »Nie wieder Scholle!«

Der Schwur war nicht von Dauer, und so muss ich auf köstliche Maischolle ebenso wenig verzichten wie auf Scholle Finkenwerder Art, die auf meiner ersten längeren Reise durch die Nicht-mehr-DDR 1991 gleich mehrfach als »Scholle Finkenwärter Art« angeboten wurde, was zu ironischen Bemerkungen führte: »Typisch Osten! Sogar die Finken sperren sie ein!«

Als Jugendlicher in den 70er Jahren kam ich erstmals mit deutscher Geschichte und Politik in Berührung. Zwar hatte Nazideutschland 1945 kapituliert, aber die zwölf Jahre des »Tausendjährigen Reiches« hatten einen langen Nachhall. Die Verbrechen der Deutschen waren so ungeheuerlich widerlich, und ihre alten Repräsentanten saßen weiter obenauf. Der Nationalsozialist Kiesinger hatte Bundeskanzler werden können, der ranghohe SS-Offizier Schleyer war Arbeitgeberpräsident, und gemütlich aussehende Bäckersfrauen strichen mit dem Kugelschreiber die Gesichter von erschossenen RAF-Leuten auf Fahndungsplakaten durch.

Auf Demonstrationen gab es immer wieder Transparente und Sprechchöre: »Nie wieder Faschismus! Nie wieder Krieg!« Das war ja eine Selbstverständlichkeit und eine klare Sache, aber manche konnten gar nicht genug davon bekommen, immer wieder »Nie wieder Faschismus! Nie wieder Krieg!« zu skandieren. Auf »Nie wieder Faschismus!« folgte unweigerlich »Nie wieder Krieg!«, danach konnte man sozusagen die Uhr stellen. Es handelte sich um einen jener Automatismen, von denen heutige Fußballkommentatoren so gern sprechen. Der menschliche Kopf aber ist kein Fußballplatz, fürs Denken sind Automatismen tödlich.

Wenn Gebetsmühlen mahlen, hilft nur Humor. Legendär sind die Transparente von Fans des FC St. Pauli: »Nie wieder Krieg! Nie wieder Faschismus! Nie wieder 2. Liga!« So unverbissen, lustig und intelligent geht es doch auch, und wer da von »Relativierung« redet, hat ganz einfach den Witz nicht verstanden.

»Nie wieder Faschismus! Nie wieder Krieg!« Ja sicher, gebongt, und deshalb ist rituelle Selbstversicherung gar nicht nötig. Gerade wer in der Substanz einverstanden ist, fühlt sich von der ständigen Wiederholung des Immergleichen belästigt und kopfmäßig düpiert. An alle, die »Nie wieder!« schreien: / Nehmt dies: Nie wieder Litaneien!

# Negerkuss nein, Zeithorizonte ja?
## Über politisch korrekte Sprache

Darf man eigentlich noch »Negerkuss« sagen? Oder ein »Zigeunerschnitzel« bestellen? Und wenn die Antwort nein lautet, warum nicht? So fragen Leute, die sich vor dem Diktat einer »politisch korrekt« genannten Sprache fürchten, vor dem Verlust einer Ausdrucksweise, die sie so erlernt haben, mit der sie aufgewachsen sind und die sie deshalb als natürlich und ihnen eigentümlich empfinden. Sie sehen nicht ein, warum Wörter, die sie nach eigener Anschauung »schon immer« und »ganz normal« verwenden und als »völlig harmlos« und »überhaupt nicht böse gemeint« ansehen, auf einmal beleidigend und deshalb tabu sein sollten.

Mit solchen Fragen musste sich Immanuel Kant nicht herumplagen. Obwohl der Philosoph sein geliebtes Königsberg so gut wie nie verließ, war sein Geist weltläufig und phantasievoll; in seiner im Jahre 1802 publizierten »physischen Geographie« schrieb Kant: »Die Neger werden weiß gebohren, außer ihren Zeugungsgliedern und einem Ringe um den Nabel, die schwarz sind. Von diesen Theilen aus ziehet sich die Schwärze im ersten Monate über den ganzen Körper.«

Niemand widersprach dem frei flottierenden Unfug, und niemand wäre auf die Idee gekommen, Kant einen Rassisten zu nennen. Es war, auch unter den klugen Köpfen dieser Zeit, ganz selbstverständlich, Schwarze nicht als Menschen anzusehen, geschweige denn als gleichwertige, sondern sie als Arbeitssklaven oder als Forschungsobjekte zu betrachten, angesiedelt im Tierreich.

Sie wurden in Menagerien gezeigt; noch der im Jahr 1883 auch um den Nabel weiß geborene Dichter Joachim Ringelnatz hat als Schüler in Leipzig fasziniert schwarze Frauen betrachtet, die im Zoo zur Schau gestellt wurden.

Sich darauf zu berufen, dass bestimmte Wörter »früher« ja auch »ganz normal« verwendet worden sei, ist kein Argument; im selben »Früher« wurden Menschen diesen Wörtern gemäß traktiert. Allerspätestens, wenn das Wort »Zigeuner« die Verurteilung zu Deportation und Tod nach sich zieht, hat es seine Unschuld verloren. Was allerdings nicht umgekehrt bedeutet, dass die Bestellung »Sinti-und-Roma-Schnitzel« zur Besserung der Verhältnisse beitrüge.

Ist »Neger« ein harmlos gemeintes Wort? Es kommt doch von lateinisch »niger«, heißt also nur Schwarzer und ist nicht herabsetzend zu verstehen, oder? Erfahrung sagt etwas anderes. Ich kann mich gut daran erinnern, wie ich von Nachbarn angeherrscht wurde, endlich »die Negermusik« auszumachen. Wertfrei war das nicht gemeint. Das war auch im deutschen Sozialismus nicht anders; Jazzmusiker wie Ernst-Ludwig Petrowsky berichten, mit welcher Mischung aus Unkenntnis, Argwohn und Verachtung DDR-Kulturfunktionäre sich gegen ihre »Negermusik« wandten.

Kann man sich und andere vor Mangel an Instinkt und Takt schützen, vor verbaler Dummheit und Niedertracht? In Paris stand Jean-Paul Guerlain vor Gericht; der berühmte Parfümeur hatte im Oktober 2010 bei einem Fernsehauftritt geäußert, er habe »geschuftet wie ein Neger«, um einen neuen Duft zu kreieren, und dann hinzugefügt, er wisse allerdings nicht, »ob Neger jemals so hart gearbeitet hätten«. Was im ersten Teil noch als sprachlicher Reflex auf die Sklaverei gedeutet werden kann, kippt im zweiten in das Klischee vom faulen schwarzen Mann.

Guerlain wurde daraufhin wegen »rassistischer Äußerungen« angeklagt, die er als »unpassende Entgleisung«

zurückzog und die nicht seiner »eigentlichen Einstellung« entspreche. Man muss ihm das nicht glauben; aber dass ausgerechnet Juristen geeignet wären, über Sprache zu befinden, darf unbedingt bezweifelt werden. Wenn beispielsweise der gelernte Jurist Guido Westerwelle von »Zeithorizonten« spricht, also von etwas, das es gar nicht gibt, möchte man ihn nicht als Sprachgutachter an seiner Seite wissen. Westerwelle ist nur eins von Millionen Beispielen dafür, dass man ein Leben lang unbehelligt eine Mischung aus Phrasen und Irrsinn von sich geben darf, solange man sich nicht dessen schuldig macht, was Diskriminierung genannt wird. Merke: Menschen darf man nicht beleidigen, ihre Intelligenz aber uneingeschränkt und fortwährend.

Sieht jeder, der vielleicht nur unbedarft »Neger« sagt, Menschen mit dunkler Haut als minderwertig an und ist folgerichtig Rassist? Und sind umgekehrt all diejenigen keine Rassisten, die sich rhetorisch keine Blöße geben? Es könnte sich ein Rassist ja auch geschickt hinter der Maske formal korrekter Sprache verstecken und sich einen Jargon zulegen, den er, unabhängig von seiner tatsächlichen Haltung, für das öffentliche Sprechen reserviert.

Takt und Feingefühl lassen sich nicht verordnen. Würden Sie in Anwesenheit von Schwarzen von »Negern« sprechen? Und wenn ja, warum? Wenn man nicht anonym übereinander redet, sondern von Angesicht zu Angesicht miteinander spricht, lösen sich viele akademische oder scholastische Probleme in Luft auf, in welcher Weise auch immer.

Die Debatte über Sprache und Rassismus muss nicht frei von Humor und Überraschungen sein. So kann es geschehen, dass ein Mann mit dunkler Hautfarbe in bestem Deutsch sagt: »Bitte nennen Sie mich nicht ›Schwarzer‹, sonst muss ich an die *Bild*-Autorin Alice Schwarzer denken, und das möchte ich nicht gern. Da ist mir sogar ›Neger‹ noch lieber.«

Womit man schlussendlich beim Sexismus gelandet ist, der Kusine des Rassismus. Den Namen des eingangs erwähnten Philosophen Kant darf man in Großbritannien oder den USA auf keinen Fall deutsch aussprechen; man muss ihn zu »Känt« anglifizieren, denn Kant, c-u-n-t geschrieben, ist im Englischen und Amerikanischen ein vulgäres und herabsetzendes Grobwort für das primäre weibliche Geschlechtsorgan oder für Frauen im allgemeinen, das sich auf die geläufige Abkürzung der Potsdamer Straße ebenso reimt wie auf einen umgangssprachlichen Ausdruck für Erbrochenes. Hätte Immanuel Kant das gewusst oder auch nur geahnt, er hätte seinen Kokolores über »den Neger« womöglich für sich behalten.

# Total verhuurd in Amsterdam

Es ist nicht immer alles schön im Ausland, aber es ist immer schön, nicht in Deutschland zu sein. Man bekommt im Ausland einen anderen Blick auf Deutsche gespiegelt und Geschichten erzählt, die man in Deutschland viel zu selten hört. Eine geht so: Wie öffnet ein Deutscher eine Auster? Er schlägt sie auf die Tischplatte und brüllt: »Aufmachen!«

Das ist nicht neu, aber ein verlässliches Antidot gegen Deutsche, die so anspruchsarm sind, dass ihr Leben mit Deutschsein und Deutschlandgutfinden vollkommen ausgefüllt ist. Die Fadheit dieser Existenzform macht ihnen nichts aus, Hauptsache deutsch, und das immer ganz besonders laut, wenn man der Landessprache stark ohnmächtig ist und beispielsweise den Superlativ »optimal« noch steigern will, um sein Leben optimaler zu gestalten. Das sind dann die optimalsten Deutschen, und die meistgeliebtesten sowieso.

In Amsterdam gibt es Neujahrsgebäck, das »Olibollen« heißt, aber nicht nach Oliver oder Olivers Bollen schmeckt, sondern im Gegenteil ganz vorzüglich, und auch die holländischen »Berlinerbollen« haben keinen Hautgout von Fettlette und Imbissmief, sondern sind mit Vla gefüllt, mit Vanillepudding. Ein Traditionsgericht heißt »Hutspot met Klapstuk«, ich bestelle es seines appetitanregend niedlichen Namens wegen und bekomme Stampfkartoffeln mit Möhren, Zwiebeln und gekochtem Roastbeef. Das ist köstlich und aber auch »währschaft«, wie ein rechtschaffenes Gericht in der Schweiz genannt wird, wo, die kleine Abschweifung sei bitte gestattet, aus

Rücksicht auf niederländische Reisende der Zürcher Flughafen nicht mehr Zürich-Kloten heißen darf – Kloten ist niederländisch für Hoden, ähnlich dem niederdeutschen Wort Klöten –, sondern den Allerweltsnamen »Zürich-Airport« bekam, nachdem der von Werbefredies ausgeheckte Angebertitel »Zürich-Unique« sich nicht durchsetzen ließ.

Ende der Abschweifung, zurück zur Ausschweifung: In vielen Amsterdamer Schaufenstern sieht man Schilder mit der Aufschrift »te huur« oder »verhuurd«; das hat aber mit Prostitution nichts zu tun, sondern heißt: zu mieten, beziehungsweise: vermietet. Der schwäbische Kleinkünstler Harald Schmidt, der sich in Interviews gern und nur scheinbar kokett als »Hure« bezeichnet, spricht wahr: Er vermietet sich meistbietend, man kann ihn anhuren, und das tun die Blend- und Blindlaternenanstalten ja auch reihum.

Da bin ich doch lieber total verhuurd in Amsterdam, wo es »Amsterdamse Gezelligheid: zingen, dansen und Live-Muziek« gibt, die ich ebenso meiden kann wie den »Wok to walk«. Beim Schlendern durch die Stadt mit den schmalen Häusern und den hohen Fenstern fallen mir die Bücher von Janwillem van de Wetering ein, die mir Amsterdam nahebrachten, bevor ich jemals nach Amsterdam kam. Van de Wetering versäumte auch niemals, von den schönen, langbeinigen Frauen in Amsterdam zu schwärmen; da der Kollege seit dem 4. Juli 2008 nicht mehr sterblich ist, erlaube ich mir, für ihn einzuspringen: Die Frauenmode in Amsterdam ist ganz für mich gemacht; die Amsterdamerin zeigt Bein von erfreulichster Proportion, und Blumen trägt sie, wo sie geht und steht.

Es ist nicht immer alles schön im Ausland, aber es ist immer schön, nicht in Deutschland zu sein.

# Sprache und Besitzverhältnis

In jenem westfälischen Teil der Welt, in dem ich aufwuchs, hörte ich den anderen Menschen beim Sprechen zu, immer und allen. Als Kind tut man das, zuhören, einfach so und weil man sich vom Zuhören verspricht, dass man etwas noch nicht Bekanntes erfährt über die Welt und ihre Bewohner, dass sich die Welt eben auftut und ihren Reichtum zeigt. Ich wurde nicht enttäuscht.

»Wen hört den Hund?«, fragte einer, als ein Hund kläffte. »Ich«, antwortete ein anderer, und die Sache war klar: Ich hörte den Hund, und den Hund hört Ich. Anders gesagt: Es war Ich sein Hund, nicht der von Du. Unmissverständlicher geht es nicht.

Am schönsten ist das staunende Erlernen der Welt, wenn man überrascht wird und nicht gezwungen ist, stur ein und derselben Regel zu folgen. »Wen hört den Fahrrad?«, wollte einer wissen. Die Antwort lautete: »Meine.« Sie hätte genauso gut und korrekt auch »Ich« heißen können, hieß aber: »Meine.« Und war ebenfalls überhaupt nicht fehlzuverstehen.

Wie labbrig, gekünstelt und schwächlich hört sich dagegen doch das »mir« an, das ich später in der Schule als »gutes und richtiges Deutsch« verabreicht bekam. »Das Fahrrad gehört mir.« Wie blasiert klingt das denn, wie uneindeutig, wie zweifelnd auch? Kein Wunder, dass es so viele herrenlose Hunde gibt und dass so viele Fahrräder wechkommen! Sie gehören mir ja nur, statt ich oder meine zu hören.

Es treten alle menschlichen Schwächen kloßbrühenklar hervor, wenn wir sprechen.

# Beigekommen

»Kommst du wieder bei?«, fragt man im Ruhrgebiet, wenn man jemanden bittet, doch wieder gesund oder vernünftig zu werden. Im Gegensatz zu »beikommen« bedeutet »beigehn« etwas Libidinöses: »Da würd ich ja gern ma beigehn« heißt, dass man bei dieser Dame gerne einmal vor Anker ginge und ihr also quasi beischliefe.

Weder kam, ging oder schlief ich bei, als ich am Vormittag im Schwedenmoskwitsch des Freundes Rolandowski saß, um frisch geschliffene Messer aus Schmargendorf zu holen; ich fuhr lediglich bei. Dass der Berliner schon tagsüber umnachtet ist, demonstriert er auch gern im Straßenverkehr, doch Umsicht und Könnerschaft meines automobilen Gasgastgebers verhüteten Schaden an Blech und Seele. Stoisch navigierte er seine Schleuder durch Berliner Straßen, auf denen nicht Essen, sondern Irrsinn auf Rädern ausgefahren wird.

»Hoffentlich Allianz versichert«, seufzte er, als knapp vor uns eine Karosse so rumpelig und stotternd in den holpernden Verkehrsfluss hineingezwängt wurde, dass nur seine Aufmerksamkeit und Gnade einen Unfall vereitelten. Ich konterte den alten Versicherungsreklamespruch mit einem Automatismus, der mich selbst verblüffte: »Hoffentlich am Schwanz versichert.«

Wir lachten beide; später, als ich mit den schmargendorfgeschärften Messern eine Piemonteser Salami in dünne Scheiben schnitt, dachte ich: Wieso denn »am Schwanz« versichert? Und wogegen? Ich kam nicht drauf, aber komisch erschien es mir trotzdem.

# FETISCH PISS BUSEN
## Ein Besuch in Hamburg

Hamburg ist eine phantasie- und sinnanregende Stadt. Am Hafen kann man das Paarhundertmillionengrab bestaunen, die Elbphilharmonie, auf deren Altar die bezahlte Hamburger Kultur geschlachtet werden soll. Jede einzelne Spezialfensterscheibe des nutzlosen Krawallbauwerks kostet 25.000 Euro; wo sind der Ehrgeiz und der Sportsgeist der Hamburger Jugend, den Hochpreisramsch zu perforieren? Nur weil die Elbphilharmonie geplant und im Bau befindlich ist, muss sie doch eine Eröffnung nicht erleben. Es handelt sich, wie bei Stuttgart 21, um einen Irrtum, den man noch korrigieren kann. Der deutsche Wahn, dass alles bis zum bitteren Endsieg durchgezogen werden müsse und dass ausgerechnet genau diese Erstarrung ein Ausdruck von Tugend, Willensstärke und Charakter sei, wird hartnäckig am Leben gehalten. Doch nur ohne ihn lebt es sich klug, lässig und gut.

Im alten Elbtunnel wird etwa alle fünfzig Meter eine junge Hamburger Band fotografiert: immer schön cool kucken vor den Kacheln, die alte Günther-Rakete-Nummer, ein paar Milchreisbubis mit Gitarren und Drumsticks an die Wand stellen und mit dem Fischauge drüber. Ich melde hiermit Titelschutz an für die Boygroup NKHAS, »Noch kein Haar am Sack«, mit der ich große Erfolge als Produzent zu feiern gedenke.

Der Hafenspaziergang führt weiter nach St. Pauli, man fitscht zur Reeperbahn. Ein Koberer zischelt »Muschi kucken«, mit Massage und Mampf lockt das »Oasi Go-

reng«, der Klamottenladen »Harr Harr« bietet Frauen-
hemdchen mit der Aufschrift »Arschlochmädchen« an,
und das »Laufhaus Eros« präsentiert sein diversifiziertes,
spezifiziertes Angebot in Versalien. Es liest sich wie ein
Gedicht:

SEX ARSCHE
SPEZIAL HOMO
GUMMI STRAF
TOILETT BONDAGE
FETISCH PISS BUSEN

Man muss das immer wieder lesen, um überhaupt einen
ersten Eindruck zu bekommen von den vielfältigen Aus-
drucksmöglichkeiten der Liebe, um zu begreifen, welche
Wege diese Liebe geht, auch wenn sie dem Betrachter
zunächst noch nichts sagen wollen: FETISCH PISS BU-
SEN, was für ein Mantra, das muss die Liebe sein, die
man sich doch immer so ganz anders vorgestellt hat, und
dann ahnt man plötzlich den inneren Zusammenhang
zwischen Elbphilharmonie und Laufhaus Eros: Es hängt
alles zusammen an unsichtbaren Samenfäden. Zieht man
die Wurzel des Kapitalismus, heißt sie Schwanz,
Schwanz und Wahn, und dann sieht man Hamburg, eine
Kapitale des Kapitals, eine Mischung aus Spekulation
und Ejakulation, mit Muschi kucken und GUMMI
STRAF und FETISCH PISS BUSEN.

# Doppelnachruf

Beim Einkaufen fürs Abendbrot die Ware prüfend, höre ich am Marktstand in ein Gespräch hinein. »Zu meinen Eltern habe ich keinen Kontakt«, sagt die Händlerin und ergänzt: »Mein Vater ist tot, und meine Mutter lebt in Hannover.«

Knapper und dichter kann man es kaum sagen; das sind zwei Nekrologe in nur zehn Wörtern! Im Nachhausegehen noch hallt das nach, und dann fällt mir auf, dass es eigentlich sogar drei Nachrufe sind.

# Weiß Fischli, wo's langgeht?

Ein kleines schwarzes Buch mit dem Titel »Findet mich das Glück?« von Peter Fischli und David Weiss erschien bereits 2003 im Verlag der Buchhandlung Walter König in Köln; mich fand das Buch zu meinem Glück im Frühling 2011 in einem Hamburger Museum. Weiß auf schwarz, in Versalien mit Kreide auf eine Tafel geschrieben, haben die beiden Schweizer Künstler Fragen in die Welt gestellt, die dem begründeten Verdacht Nahrung geben, dass Fragen substantiell vielschichtiger und klüger sind als die oft eher kläglich vorläufigen und stümperhaften Versuche, sie zu beantworten.

»Warum sind die Sterne so unordentlich verteilt?«, lautet so eine Frage, »Bin ich der Schlafsack meiner Seele?« eine andere. Möchte man das nicht angelegentlich zwischen seinen alten Ohren herumschwappen und sacken lassen, wie auch das Rätsel »Sind die Ausserirdischen schon lang als Jogurt unter uns?« Welche Antwort wäre solchen Fragen ebenbürtig? Oder geht es vielmehr darum, dem notorischen Reflex, auf Fragen zu antworten, einen Dämpfer zu geben? Und der Frage an sich ein Recht als ein eigenes Genre zu geben, das einer Antwort nicht bedarf, sondern auch sehr gut allein in der Welt bestehen kann?

Fischli / Weiss sind Meister der Kunst, humorvoll und hintersinnig auf die Brüchigkeit der humanen Existenz hinzuweisen. Einer Gesellschaft von Individuen, deren Tun vor allem der Selbstversicherung dient, stellen sie Fragen von gleichermaßen subtiler wie großer Verunsicherungsmacht: »Herrscht tiefer Friede in meiner Wohnung, wenn ich nicht da bin?« Der Mensch ist offenbar ein Störfaktor, nicht nur für das Universum und für seinesgleichen, sondern auch und vor allem für sich selbst.

Würden sich sogenannte »Macher« die Fischli / Weiss-Frage »Soll ich die Wirklichkeit in Ruhe lassen?« vorlegen und sie mit »ja« beantworten, wären viele der Unannehmlichkeiten, die von eben diesen Leuten zu Ungunsten vieler anderer erzeugt werden, auf angenehm energieverschwendungsfreie Weise schlicht inexistent. Während die Herren Paranoiker und Strippenzieher sich fragen dürfen: »Was wissen die andern über mich?« Beziehungsweise: »Wird man mir alles in die Schuhe schieben?«

All diesen und jeder Menge anderer Bangigkeiten ist die fragile und eben immer auch fragwürdige Existenz ausgesetzt. »Hilft Leichtsinn gegen Schwermut?«, fragen Fischli / Weiss. In dem Fall halte ich dafür, eine Kaskade von Gegenfragen zu wagen: Ist Leichtsinn die Schwester der Schwermut? Oder Ihr Schwippschwager? Ihre Kehrseite? Und führt Schwermut zu mehr Leergut?

# Berlin normal

Drei Tische weiter im Café sitzt eine Frau und spricht laut vor sich hin. Sie steht auf, gestikuliert und redet, setzt sich wieder, redet weiter, steht wieder auf, schwenkt sprechend ihre Arme. Weil man sich, wenn auch nur mit Mühe, daran gewöhnt, dass Menschen in der Öffentlichkeit sprechen, obwohl sie allein sind, denken alle anderen an den Nachbartischen, die Frau gehöre zu jener gesellschaftlichen Mehrheit, die weder ihre Telefonate als Privatsache ansehen noch irgendeine Art von Privatsphäre kennen oder respektieren. Man hält sie für eine dieser Nervensägen, die rücksichtslos, egomanisch und aggressiv asozial sind. Man hält sie für normal.

Aber die Frau hat kein Telefon bei sich, keine Stöpsel in den Ohren, keine Freisprechanlage. Sie spricht tatsächlich mit sich selbst oder mit einem imaginären alter Ego in ihrem Kopf. Sie ist also offenbar verrückt. Als ihre Nachbarn das merken, werden sie unruhig. Sie bekommen es mit der Angst zu tun. Sie reagieren instinktiv wie eine Herde Tiere. Dabei wirkt die Frau nicht gefährlicher als jemand, der den öffentlichen Raum als seinen privaten Claim behandelt, indem er sich benimmt, als sei er auf seinem ureigenen Terrain. Wenn sie ein Mobiltelefon hätte, würde sie als nervend empfunden, als unverschämt und ätzend, aber eben doch als normal.

Nur dass sie eben kein Handy hat. Das ist der Punkt; es ist der einzige Unterschied, aber genau der entscheidet zwischen dem, was als verrückt wahrgenommen wird oder als normal. Dass die Normalen vor den Verrückten Angst haben, ist Teil ihrer Normalität; das geradezu irrsinnig Komische daran ist, dass ihre Angst ganz irrational ist. Es ist noch niemand an den Verrückten verrückt geworden; verrückt werden kann man nur an den Normalen. Das sollte man wissen, bevor man sich für normal und andere für verrückt erklärt.

# Kulturbetriebswirtschaft

Alltag im Kulturbetrieb: Bevor die Veranstaltung beginnt, betritt ein junger Mensch die Bühne und bittet das Publikum, die Digitalkameras zu verstauen und nicht zu benutzen. Über die Qualität des Publikums macht sich der Veranstalter offensichtlich keine Illusionen; untersagte er es dem Publikum nicht, dann filmte es egalweg alles ab, warum auch immer. Auch das Ausschalten der Telefone muss angemahnt werden; diese Hürde wird dem Publikum rhetorisch als »Luxus der Unerreichbarkeit« versüßt. Manche sind aber ganz keck und schreiben trotzdem sms; wo kämen wir hin, wenn man nicht immerzu und an jedem Ort und in jeder Situation dürfte, was man gerade will, egal, ob man damit andere drangsaliert?

Wenn ich im Theater oder im Konzert essen oder telefonieren möchte, ist das ein Menschenrecht; wenn ich mich nicht eine Stunde lang auf eine Sache konzentrieren kann, ist das kein persönlicher Defekt, sondern mein freier Wille. Und wehe, es pfuscht mir da einer hinein; das wäre Stalinismus. Ich habe schließlich bezahlt.

Das digitalisierte Publikum will alles auf einmal, also nichts. Geld ist vorhanden; man hat eine teure Karte gekauft, dann ändert sich die Laune, nun möchte man erzählen, wo man gerade ist. Und dabei etwas verzehren. Wo nur der Kellner bleibt?

Auf der Bühne werden die Namen der Sponsoren genannt, es handelt es sich um eine Brauerei und einen Autohersteller. Wenn das schon so ist, warum nennt man dann in subventionierten Theatern nicht auch die Namen der Steuerzahler, ohne die bzw. ohne deren Geld es keine Vorstellung gäbe? Und wieso werden im öffentlich-rechtlichen Fernsehen nicht die Namen der Gebühren-zahler eingeblendet? Das sind doch auch Sponsoren.

Das Vorprogramm zur Rudimentärzähmung des Publikums und zur Dankerstattung an die Geldgeber ist beendet. Die Vorstellung beginnt. Egal wie gut sie ist, die Tristesse der Kulturbetriebswirtschaft kann sie auf Dauer nicht vertreiben.

# Alles im Check

»Die Nationalmannschaft im Formcheck!«, schlagzeilt die Sportseite, im Politikteil des Blattes ist »der neue Präsident im Check«. Der solle bitte »keine Frühstücksreden« halten, befindet der zuständige Präsidentenchekker, dem die Sonntagsrede und der Frühstücksdirektor durcheinandergeraten sind und der in seiner eigenen Diktion ein dringender Fall für den Sprach- und Sprechcheck wäre.

E-mails beziehungsweise Elektropöste werden per se und ausnahmslos »gecheckt« auch von Leuten, die sonst gar nichts checken. Lebensunverzichtbar sind »Urlaubs-Check« und »Sicherheits-Check«; wer zum Arzt geht, wird nicht popelig untersucht, sondern »durchgecheckt« beziehungsweise »lässt sich durchchecken«. Das klingt souverän, nach Wartung der Karre in der Werkstatt und kein bisschen nach Krankheit oder der Angst vor ihr.

Die Deutschen haben sich vom Stigma und Makel ihrer sprichwörtlichen Gründlichkeit befreit. Die Doktorarbeit eines adligen Politikers wurde zunächst keiner Prüfung unterzogen, sie wurde im Gegenteil »kurz mal durchgecheckt«; entsprechend lang hielt das Ergebnis des Checks vor.

Voller Checker ist das Land, in dem »Locations abgecheckt« werden. Wer hätte sich träumen lassen, wie cool und geradezu professionell die Massen am Flughafen und im Hotel sowas von »einchecken« und später sogar auch wieder aus? Beim Poker heißt es ebenfalls »Check!«; nur das »Vorchecking« respektive original »Forechecking« beim Fußball ist offenbar etwas anderes.

Alles ist »im Check«, die Literatur sogar »im Schnell-check«, auch bei Dennis Check, nein, der heißt ja Scheck, aber checken kann er auch.

Wenn ganz Deutschland »im Check« ist, wird es dann nicht auch von IM »Check« regiert, dem großen Chek-ker? Und ist man so nicht wieder beim »neuen Präsiden-ten im Check« gelandet, dem alten Aktenchecker?

Ich zöge, nach angemessenem Check aller Optionen, für dieses Amt Chubby Checker vor, der auch eine neue deutsche Nationalhymne im gut gecheckten Gepäck hät-te. »Come on, let's check again, like we did last sum-mer...«

# Aus dem Bauch raus

Ein Kind für *Bild*: Kristina Schröder, CDU-Familienministerin, ward Medienmutter. Hat *Bild* etwas gegen Kindesmissbrauch? Manchmal schon, wenn das Blatt nämlich nicht partizipieren darf. Dann ist die Empörung groß, denn was ausgebeutet werden kann an Emotion, das gehört nun einmal *Bild*, jenem Blatt, in dem Kai Diekmann mit Alice Schwarzer die Vereinigung von Niedertracht und Korrumpierbarkeit feiert, mit dem Leben der anderen als Gleitmittel.

Je konservativer einer tut, desto begeisterter macht er mit bei der Schmiere. Wie der RTL-Ästhetiker Karl-Theodor zu Guttenberg, der gemeinsam mit seiner Frau den Mangel an beruflichen Fähigkeiten mit dem medialen Ausstellen sogenannter privater Gefühle kompensierte, stand auch die CDU-Familienministerin Kristina Schröder bereit, ihr Fortkommen mit der Preisgabe ihres Privatlebens abzusichern. Die Dame war schwanger und trug die Angelegenheit in und mit *Bild* aus.

Wo Franz Josef Wagner, die dienstälteste nasse Unterbuxe der Republik, in seiner »Post von Wagner« die Speicheltalsperre öffnete: »Liebe Kristina Schröder, Sie sind seit einem Jahr Familienministerin, jetzt sind Sie Familienanfängerin. Sie sind schwanger. Ich glaube, dass es gut für unser Land ist. Wir werden eine Ministerin haben, die nachts aufsteht, um zu stillen, die den Alete-Brei warm macht, die Windeln wechselt. Die ihr Baby in den Schlaf singt, wenn es weint, die den Schnuller aufhebt und ihn im heißen Wasser abwäscht. Liebe Familienministerin, Sie werden eine Mutter sein mit Kita-

Sorgen. Berufstätig, übernächtigt. Mit ihrem Mann haben Sie beschlossen, eine Familie zu gründen. Papa, Mama, Baby.«

Wagner schafft den Dreiklang infantil – senil – debil aus dem Stand: »Eine Familienministerin mit ihrem Baby auf dem Arm ist die beste Politik. Sie wird menschlich, nah. PS: Unsere Republik wird jung. Das kleine Kind des Präsidenten Wulff tollt im Schloss Bellevue, unser Verteidigungsminister zu Guttenberg hat acht- und neunjährige Töchter. Wir haben junge Eltern, die uns regieren. Junge Eltern wollen das Beste für ihre Kinder. Die Schwangerschaft der Ministerin ist eine gute Nachricht.«

Für die Ministerin mag das sogar zutreffen; schließlich wurde ihr der Status einer Nicht-Mutter im Amt der Familienministerin angekreidet, während ihre Vorgängerin Ursula von der Leyen sieben Kinder vorzuweisen hatte. Das sind die Kriterien von Kretins – denen Kristina Schröder mitsamt einem sachdienlichen Kind zu genügen begann, begleitet und gefeiert von *Bild*, dem Fachblatt für Mutti und Nutti.

Wen sonst aber ginge die Mischung aus Kitsch und Karriere etwas an? Und hat man als Leibesfrucht nicht ein Anrecht auf Ruhe im Karton? Wenn eine Frau ihre Menschenwürde für einen beliebigen Konsumartikel hält, darf sie das tun und entsprechend handeln; dergleichen gilt hierzulande schließlich als schützenswertes Freiheits- und Menschenrecht. Aber muss ein Fötus eigentlich erdulden, das ihn seine Mutter an die Medien verscherbelt? Was kann er tun? Soll er »Ich will hier raus!« brüllen? Draußen warten doch schon Diekmann, Wagner, Schwarzer und die Restschergen. Muss er also im Gegenteil den Mutterbauch instandbesetzen? Und wird er dann polizeilich geräumt?

Ein paar kräftige Tritte aus dem Bauch raus wird Kristina Schröder wohl ertragen haben müssen; es könnte sein, dass etwas in ihr sich dagegen auflehnte, als Medienware missbraucht und verscheuert zu werden.

# Essen beim Betrachten von Frauen auf Laufbändern

Krankenkassen gibt es nicht mehr, diese Institute müssen gespreizt »Gesundheitskassen« heißen. Was ein Ärztehaus war, ist längst »Gesundheitszentrum«; immerhin nicht »GesundheitsCenter«, das hätten die Patienten vielleicht nicht gern und würden reagieren wie die Kunden der Berliner Sparkasse, die an ihren Filialen das Wort »FinanzCenter« anbringen ließ. Das war klug ausgedacht: »FinanzCenter« in Zeiten räuberischer, betrügerischer Bankiers und Bankhäuser ist die reine Selbstbezichtigung, da fliegen die Steine gleich dutzendweise in die Scheiben der »FinanzCenter«, die doch bloß simple Sparkassenfilialen sind. So schnell und direkt rächt sich Sprachaufdunserei.

Hinter dem »Gesundheitszentrum« an der Kreuzberger Bergmannstraße bin ich im Innenhof in ein Restaurant bestellt. Der Hof hat mit seinem Verbundpflaster, seinen Klinkerbauten und seinen Gitterbalkonen etwas Gefängnisartiges an sich, doch zieht offenbar mancher Flaneur dieses schmucklose, eher bedrückende Ambiente dem würdelos massenhaften Treiben der Touristen auf der Bergmannstraße vor. Die Betreiber des Restaurants haben hölzerne Blumenkübel in Sargformat aufgestellt, um der Steinwüste ein bisschen Grünbepflanzung entgegenzusetzen, aus den Boxen ertönt Frank Sinatras Stimme.

Einen deutlichen Kontrapunkt setzt der Ausblick auf eine Klinkerhauswand mit beschrifteten Fenstern. Zu lesen ist: »Women's Gym Jopp & Jopp, Rehanachsorge Irena Krankengymnastik Sozialberatung Diätbetreuung

Psychologische Betreuung Manuelle Therapie Lymph-
drainage / PNF Gesundheitstraining Bewegungsbad Me-
dizinische Trainingstherapie Reha-Zentrum Ambulante
Rehabilitation u. Prävention«.

Das »Women's Gym Jopp & Jopp« hat aber noch mehr
zu bieten: Hinter den Fenstern im obersten Geschoss
bewegen sich Frauen, und so, wie sie auf und ab wippen,
ahnt man, dass sie auf Laufbändern trainieren. Eine
Blonde mit Pferdeschwanz bewegt sich am schnellsten,
ihre Figur ist die athletischste, ab und zu trinkt sie etwas
aus einer Flasche, das sieht sehr professionell aus.

Andere, rundere Damen traben langsamer auf dem
Band, doch dann gehört meine Aufmerksamkeit meiner
Verabredung, die mit dem Rücken zum »Women's Gym
Jopp & Jopp« Platz nimmt, mich aber bittet, ein Auge auf
die Vorgänge hinter ihr zu haben und ihr angelegentlich
zu schildern, was sich dort vollzieht. Der Aperitiv
kommt, und mir wird bewusst, dass nicht nur ich die
unbändig laufbändigen Damen sehen kann, sondern sie
umgekehrt ebenfalls freien Blick auf die Restaurantgäste
haben, auf Speisen und Getränke.

Ob das ein Ansporn ist: Jetzt laufe ich noch ein Band,
dann darf auch ich essen und trinken und habe mir das
rechtschaffen verdient? Oder sind Hass, Verachtung und
Selbstüberhöhung im Spiel: Kuck sie dir an, wie sie fressen und saufen und ihre ausgebeulten, sackartigen Körper
anfüllen, während ich mich hier stählern mache, fit und
top-attraktiv?

Ich weiß es nicht, will es auch nicht wissen und schen-
ke dem Aufgalopp bei Jopp & Jopp immer weniger Be-
achtung. Essen beim Betrachten von Frauen auf Laufbändern verströmt soviel Sinnlichkeit wie das Wort Gesundheitszentrum.

# Neues aus Qualle

Das chinesische Restaurant war ein richtiges, kein Glutamatschuppen, in dem Bestellungen »Einmal Nummer 14 bitte und danach Nummer 73« lauten. Viele Asiaten saßen zu Gast, futterten und schwatzten munter, schmal gebaute Kellner huschten und kurvten durchs geräumige Lokal. Die Speisekarte war nicht ganz so dick wie die Lutherbibel, aber ähnlich ergiebig und verwirrend. Nach einigen Minuten Lektüre wusste keiner am Tisch mehr, was er essen wollte, und um die Lieblingsbestellung »Einmal alles mit Schuss« abzugeben, war eindeutig zuviel im Angebot.

Eine Extrakarte wies auf spezielle Offerten hin. »Tausendjährige Eier mit Qualle«, las ich, und um den Appetit richtig anzufeuern, war in Klammern hinzugefügt worden: »Kaltes Gericht«. Was für eine Verlockung: monatealter Enteneiergallert an kaltem Glibber! Schlagartig erinnerte ich mich an meine ersten Begegnungen mit Quallen beim Schwimmen im Meer. Diese durchsichtigen Kameraden konnte man auch essen? Oder auslutschen? Werden die nicht in der plastischen Chirurgie eingesetzt, als Bio-Silikonkissen? Oder eingefroren und als natürliche Eisbeutel verwendet?

Alle vertieften sich wieder in die Lektüre der voluminösen Menükarten. Der feingliedrige Kellner sauste lautlos herbei und nahm die Bestellungen auf. Tausendjährige Eier mit Qualle waren nicht dabei. Jeder hatte auf die Neugierde und die Todesverachtung der anderen spekuliert, vergeblich.

Und doch hatte die Qualle einen starken Nachhall.

»Bist du eigentlich eher quallenaffin oder quallophob?«, fragte ich meine Tischnachbarin. Sie schenkte mir ein undurchsichtiges Lächeln. »Unter den Quallen der Weisheit sind mir gerade die fernöstlichen die liebsten«, hauchte sie albern, woraufhin ihr anderer Nachbar unbedingt Apollinaris-Wasser bestellen wollte und das auch begründete: »Aus dieser Qualle trinkt die Welt!« Seine Frau ließ das nicht gelten und konterte aufgeräumt: »Erstmal sehn, was Qualle hat!« Als er sie daraufhin »eine Qualle der Freude« nannte, wurde zu seinem Glück das vollkommen quallenlose Essen aufgetragen.

Das Universalthema Qualle war noch nicht erschöpft. Wie man denn Qualle zubereite, wollte meine Nachbarin wissen. »Qualle Hausfrauenart«, schlug ich vor. »Oder Qualle Müllerin. Qualle im zarten Saitling. Es gibt da viele Möglichkeiten.«

»Quall' naturelle, naturellement«, fuhr ihr Nachbar, ganz Connaisseur, dazwischen und verwies auf die große Bedeutung der oft sträflich unterschätzten Qualle. Schließlich sei ein deutscher Minister über mangelnde Quallennachweise gestolpert, und ganze Parlamente rieben sich an Debatten über die Quallensteuer auf. Die Quallenforschung stecke hierzulande noch in den Kinderschuhen, während es in Schweden sogar das Qualle-Blomquist-Institut gebe, in dem auf höchstem Quallitätsniveau gearbeitet werde.

Wir zahlten und verließen das Lokal. Es war höchste Zeit für einen Spaziergang zurück zu den Quallen.

# Rühreisprung

Wenn ein Mann den Wunsch äußert, Austern oder Eier frühstücken zu wollen, muss er mit süffisanten Kommentaren rechnen. Er wird angegrient, als käme Ei von Kumpanei und darf sich todsicher auch diesen Satz anhören: »Jaahaahaahaah, Eiweiß. Das gibt so richtig Tinte auf den Füller.« Zum bescheidwisserisch-connaisseurhaften Spruch kommen das glitschige Augenzwinkern und der anbiedernde Stups in die Seite: Is' klar, wir verstehn uns, da haste wohl ne lange Nacht gehabt, was...?

Dabei möchte der Mann einfach nur ein Frühstück zu sich nehmen, nach dem ihm zumute ist. Solche Naivität aber wird keinem abgenommen in einer Schlechteweltanschauungswelt, die naive Absichtslosigkeit als Dummheit denunziert, Hinterhältigkeit und Berechnung aber als Indizien für Intelligenz ausgibt. Dabei sind doch im Gegenteil Natürlichkeit und die Fähigkeit zu intuitivem Handeln die schönsten Anzeichen für Klugheit.

Jeder Mann, der das erlebt und begriffen hat, verehrt Frauen dafür, dass sie Frauen sind. Diese Verehrung wird »Sexismus« genannt, aber das bedeutet nichts, das ist nur der dahergelaberte Beweis dafür, dass mindere, miesnickelige Wesen gleich welchen Geschlechts sich der Vorteilserschleichungsbranche verschrieben haben, weil sie auf direktem Wege niemals zum Zuge kämen, und das zurecht nicht.

Verehrung, Liebe und der an jeder Straßenlaterne beschworene »Respekt« beziehungsweise »Respect« bedürfen vor allem einer nicht natürlichen, sondern erlernbaren Fähigkeit: Geduld. Deshalb sind viele Musiker intuitiv klug: Sie haben gelernt, dass man warten können muss. Man muss das mitunter äußerst zähe Verstreichen von Zeit aushalten, um sie anschließend in berauschender Art und Weise beschleunigen zu können.

Der Mann, angekleidet, sitzt im Mantel, Handschuhe und Hut hält er in der Hand. Die Frau, die ihn weckte, weil sie Appetit auf Frühstück hatte, braucht noch. Sie ist beim Wäschetest: »Kann ich das nochmal anziehen...?«, fragt sie. Sie schnuppert, der Mann, der das nicht beurteilen kann, sieht ihr zu und nennt sie bei sich zärtlich: Frau Schnuffel, das schöne Mufflon. Die Frau riecht an einem halterlosen Seidenstrumpf; sie hält ihre Nase nicht ans Fußende, sondern schnüffelt in der Mitte und verzieht das Gesicht, in dem Zweifel, Verdacht und Missbilligung changieren.

»Der Strumpf riecht nach Bein!«, sagt die Frau empört. Aber Bein riecht doch gut!, möchte der Mann antworten, weiß jedoch, weil Erfahrung seine Lehrmeisterin ist, dass dieser Einwand sinnlos wäre. Und dass Widersprechen nur den Prozess der Eigenerkenntnis unnötig verlängerte. Und bleibt also weise leise.

Die Frau hat sich fertig angezogen, das Beinkleid war doch noch gut genug, und nun lächelt sie hold und sagt: »Ich möchte Austern frühstücken! Und Rührei!« Der Mann, vom Warten melancholisch matt geworden, lächelt sie liebevoll an. Und denkt: Ach, süße Liebste, du hast wohl einen Rühreisprung in der Schüssel.

# Sex oder sechs, männlich oder weißnich'?

Wenn jemand das Wort Sex mit weichem s ausspricht, also wie die Zahl sechs, wirkt das ziemlich unsexy. Wer Sex zu sechs verweichlicht, legt nahe, er habe keine Ahnung, was das ist oder kenne allenfalls eine sehr weiche, säuselnde Variante davon. Die Worte Sex und sexy, die ja mit Scharfsein zu tun haben, muss man eben auch scharf aussprechen, sonst ist man schnell aus dem allgemeinen Rennen.

Wer aber diese Scharfsprachregelung auf verwandtes Vokabular ausdehnt, geht erstaunlicherweise fehl. So scharf der Sex auch sein muss, so weich ist die Sexualität, und auch das Sexuelle wird mit weichem s gesprochen. Wer, quasi mit Eszett, von ßexualität und von ßexuellen Angelegenheiten spricht, macht sich onomatopoetisch verdächtig, übermäßig sexualisiert zu sein, also quasi ßexualisiert. Von scharfer ßexualkunde spricht man besser nicht; wer bekennt, dass er den deutschen Schlagertitel »DIN A-Sex im Büro« komisch findet, bekommt in Sex eine Sechs.

Logisch ist das überhaupt nicht, aber wo steht geschrieben, dass die menschliche Sprache den Regeln der Logik folge? Ein weiches s macht den Sex nicht scharf, ein scharfes darf es aber auch nicht immer sein. So ist es in der deutschen Sprache festgelegt. Nur manche sächsische Männer finden es witzig, sich als »sächsi« oder als »Sächsisten« zu bezeichnen. Was als Einmalkalauer so durchgehen kann, wie Kalauer eben durchgehen, entwickelt, wo immer es automobil als Aufkleber spazieren gefahren wird, genau die Art Penetranz, die das Gegenteil erwünschter Penetration ist.

Das Wort Sex hat zur Enttäuschung solcher Sachsen nichts mit der sächsischen Mundart zu tun, sondern entstammt dem Angelsächsischen, wo es nicht nur der Allgemeinbegriff für physisch intime Handlungen ist, sondern auch das körperliche Geschlecht bezeichnet, also männlich, weiblich oder weißnich'. Weißnich' ist sehr modern, weil man dafür auch akademische Forschungszuschüsse ergaunern kann, aber das ist ein anderes Thema.

Die Unterscheidung in das scharfe und das weiche s gibt es in der englischen Sprache nicht, wenn es um Sex geht: Ob *sex* oder *sexual*, alles wird mit scharfem s gesprochen. Der Deutsche und seine Sprache aber machen gerade diese Sache so kompliziert, dass man sie auch französisch (beßiehungsweisö fronßösísch) complißiert nennen könnte, also komplizenhaft.

Womit man dann wieder beim Sex angekommen ist, bei dem mit dem scharfen s.

# Doktor spielen

Zu den misstrauenauslösendsten Berufsbezeichnungen in Deutschland zählt, neben »Creativdirektor« oder »Textchef«, der Doktor. Nach den aufgedeckten Plagiaten von Karl-Theodor zu Guttenberg, Silvana Koch-Mehrin und der Stoiber-Tochter Veronica Saß manifestierte sich der Eindruck, dass zur Beförderung einer politischen Karriere die Ausschöpfung krimineller Energie gang und gäbe ist. Erstaunlich daran ist die Aufregung und Verblüffung: War das denn nicht immer so, dass Betuppskis, Pfuscher und Schmumacher mit der Devise »Frech kommt weiter« eben auch weiterkommen? Und dafür als schlau und intelligent angesehen werden?

Der Begriff Elite lässt sich so definieren: Ein falscher Doktor steht besser da als ein echter; er hat seine Zeit nicht mit jener Art Arbeit vergeudet, die man naiv »ehrlich« nennt, sondern stattdessen lieber seine Kontakte geölt. Der nebenher und vergleichsweise aufwandsarm erworbene akademische Titel ist die Eintrittskarte in Kreise, die auf so etwas noch Wert legen. Wenn man beim Betrügen erwischt wird, ist das zwar etwas peinlich, aber nicht tragisch, denn die Parallelgesellschaft aus Politik, Wirtschaft und Medien lässt keinen lange verkommen, der zum Kartell gehört. They ever come back.

Das Seltsamste an manchen Doktoren ist, dass sie, egal, ob der Titel »echt« oder »falsch« ist, ihn geradezu bewohnen, sich am Telefon mit ihm melden, ihn in ihrer Elektropostadresse verwenden. Das sind Leute, die sogar im Schlaf Plateauschuhe tragen.

Wieviel sympathischer ist doch der heitere Umgang

österreichischer Kellner mit Ehrenbezeichnungen; im Wiener Kaffeehaus kann jeder zum »Geheimrat« avancieren, wenn er sich einigermaßen benimmt, und auch in italienischen Restaurants ist die Anrede »Dottore« oder »Dottoressa« üblich. Der ironische und spielerische Umgang mit Titeln hat sich in Deutschland noch nicht durchgesetzt; es gibt immer noch ein inneres Strammstehen und Salutieren vor Hochstaplern. In Deutschland zählt der Rang, nicht der Mensch.

In eigener Sache soll deshalb ein potentielles Missverständnis ausgeräumt werden: Seit einigen Jahren gibt es im mdr-Figaro-Kulturradio die Serie »Dr. Drostes Sprachsprechstunde«. Der von der Redaktion ausgedachte Titel ist kein akademischer und beanspruchte auch niemals, einer zu sein; er gehört nur zum Rollenspiel zwischen dem an Verbalmüll leidenden Patienten und dem Arzt, der hilft, Gehirn und Gehör zu schärfen, ohne dabei den Humor zu verlieren. Es handelt sich also um ein Doktorspiel, und die Doktorspiele der Kindheit sind überhaupt das Beste, das mir beim Wort Doktor einfallen will.

# »Endoskopie is' rektal, wa?!«

Beim Abendessen in einem Berliner Lokal verschluckte ich mich an einem Brandenburger Frischling. Das junge Wildschwein wehrte sich offenbar, gegen die Art der Zubereitung, gegen das Aufgegessenwerden oder gegen beides? Jedenfalls blieb ein Bissen kurz vor meinem Magenpförtner stecken und wollte weder vor noch zurück. Alle Versuche, ihn mageninnenwärts herunterzuschlucken oder es aber wieder auszuspeien, scheiterten.

So kam ich andernvormittags ins Krankenhaus Neukölln und wurde zur Endoskopie geschickt. Die Abteilungspförtnerin hob ihr Gesicht aus einer Illustrierten. Eine Bulldogge mit Kurzhaarfrisur sah mich an, blonde Strähnchen auf schmutzig-grau, die Haut grob- und großporig, der Blick gleichgültig; hier war stumpf Trumpf. Die Empfangsdame blätterte in meinen Einweisungspapieren und sprach im reizenden Ton der Berliner: »Endoskopie is' rektal, wa?!«

Der behandelnde Arzt glich die einladende Begrüßung später durch Berufsbefähigung und Freundlichkeit aus und narkotisierte mich so sanft, dass ich diesem Zustand Dauer wünschte: ewig schlummern in einem Land ohne ballinernde Bullbeißer, wäre das nicht himmlisch? Als ich irdisch erwachte, war der fünfmarkstückgroße Frischlingshappen endoskopisch entfernt worden, also durch den oberen Speiseschlauch, was mich lehrte: Wenn man die Tiere ehren will, soll man sie nicht als Gierschlund hinterschlingen, sondern sie ordentlich durchkauen.

Als ich kurze Zeit darauf mit dem Fahrrad im märkischen Treibsand steckenblieb und der abrupte Halt mich aus dem Sattel hob, landete ich auf meinem rechten Knie. Ein prächtig schillernder Bluterguss kündete von einer Verletzung, die ein Doktor zu präzisieren wusste: Innenbandabriss und Meniskusanriss. War ich ein aktiver Fußballspieler und hatte das ein Leben lang vor der Welt und vor mir selbst geheim gehalten? Nein, man kriegt das auch mit ganz gemächlichem Radeln hin, oder, wie Freund Vincent Klink, im Spaziergang. Vince hatte sich, ganz Blutsbruder, hunderte von Kilometern entfernt zur selben Zeit die identische Verletzung zugezogen: rechtes Knie, Innenband ab- und Meniskus angerissen und konnte mich also gleich in die Hände seines an ihm schon quasi warmgeschnittenen und in Operationslaune gearbeiteten Arztes weitergeben. Als ich aber Freund Vince herumhumpeln sah, fiel mir nur ein Zweizeiler ein:

Nicht nur, dass ich Schinken heiße,
ich finde auch mein Hinken scheiße.

# Berlin, eine Stadt mit Vergangenheit

Der Berliner lebt in der vollendeten Vergangenheit, im Plusquamperfekt. Für ihn war nie etwas gut, sondern immer, als läge es lange schon zurück, »jut jewesen«. Beim Berliner steht auch nichts herum; vielmehr hat er »no' watt ßu stehn« beziehungsweise natürlich »no' watt ßu stehn jehaabt«.

Das private Leben eines älteren männlichen Berliners lässt sich in wenige Worte fassen: »Da war ick inn'n Kella jejang'n, war dusta jewesen, aba denn ha' ick da no' 'ne Ereckssion ßu stehn jehaabt. Und weeßte watt? War no' jut gewesen!«

# Aus der Servicepalette

Das Wort »Servicepalette« gehört zur Abteilung rhetorisches Laminat; was es en detail bedeutet, offenbart die Berliner Sparkasse, zu deren Dienstleistungen zählt, ihre Kunden mit der Sinnlosigkeit menschlichen Handelns vertraut zu machen.

Das Geldinstitut verschickt, selbstverständlich gegen Gebühr, Kontoauszüge an die Kundschaft, die auf dem zuoberst liegenden Blatt liest: »Dieses Blatt wird aus versandtechnischen Gründen erstellt und kann vernichtet werden.«

Im Sparkassenkunden breitet sich Skepsis aus: Wie jetzt? Die wollen nichts, ich soll oder muss nichts, sondern ich kann und darf etwas? Ist das noch meine Sparkasse? Die mir eine fakultative Genehmigung erstellt: »kann vernichtet werden«? Oder sogar »verrr-nich-tätt!«, wie ein seinerzeit beliebter Hundeliebhaber geknurrrrt hätte? Ich könnte das Stück Papier also einfach rrrücksächts-los zerrr-reiiss-ssän? Das wollte ich nicht glauben, wischte mir die Augen, sah noch einmal hin und las:

Sehr geehrter Kunde, auch heute drängen wir Ihnen etwas auf, das Sie weder jemals bestellten noch haben wollen oder brauchen, das Sie aber selbstverständlich bezahlen werden. Wir möchten schließlich leben, und zwar von Ihnen; Sie wissen ja, das Leben ist ein Nehmen und nehmen lassen. Sicherlich unterziehen Sie sich gern einer kleinen Mühe und werfen den Müll weg, den wir Ihnen zu unseren Gunsten ins Haus schickten. A propos Haus: Ihr Haus ist unser Haus, Ihre Zeit ist die unsere. Wir verstehen uns? Wir sehen uns – in Ihrer Sparkasse.

# Unter der Bräunungsdusche

Hin und wieder sieht man auf der Straße ein sonnenbankgebräuntes Gesicht, wundert sich, warum Menschen so etwas mit sich machen, vergisst es dann wieder, um aber zwei Stunden später festzustellen, dass man sich, scheinbar ohne jede Motivation, in einem Lederwarengeschäft befindet und dabei ist, eine gut gegerbte braune Ledertasche zu erwerben. So subtil, indirekt und raffiniert ist oft die Wirkung der Reklame.

Die erstaunliche und vor allem erstaunlich erfolgreiche Geschäftsidee, Menschen auch äußerlich in Toastbrote zu verwandeln, wird zu Beginn des dritten Jahrtausends technisch modifiziert. Man muss seine Haut nicht mehr verbrutzeln; der Solariumsmarktführer »Sunpoint« bietet »Sprühbräune« an, die man sich mit einer »hautpflegenden kosmetischen Bräunungsdusche« auferlegen kann. Als »tantastic« wird die Humanfassadenfarbe englisch wortspielend angepriesen; »tan« heißt Bräune, man kann also phantastisch braun werden. Und auch, wie der Solarienmogul »Sunpoint« verspricht, »sexy Hollywood-Bräune in 1 Minute« erwerben.

Ich weiß nicht, ob Hollywood »sexy« ist und hege auch mittlere Zweifel daran, dass speziell in Hollywood Hautbräune als »sexy« gilt. Zumal dort rektal, wie man immer wieder lesen muss, eine Präferenz zur chemisch erzeugten braunlosen Gebleichtheit vorherrschen soll. Doch selbst wenn man körperliches Braunsein mit Begehrenswertheit gleichsetzte, erschiene »Sprühbräune« dafür besonders ungeeignet: Gesetzt den unwahrscheinlichen Fall, man würde bräunungsgeduscht als besonders attrak-

tiv empfunden und von jemandem wegen seiner Sprüh-
gebräuntheit sehr privat eingeladen, so wäre doch späte-
stens zwischen den Laken größere Peinlichkeit nicht
mehr zu vertuschen und zu vermeiden. Die aufgetragene
Bräune verwischte sich, darunter käme der naturbelassen
blasse Mensch zutage, die Bettwäsche wäre ruiniert, und
dann?

Am Solariumsmogul »Sunpoint« gehen solche Überle-
gungen offenbar vorbei. Ob mit der angeblich »natürlich
aussehenden Bräune«, die »einfach und schnell aufge-
sprüht« wird, menschliche Ganzkörperbroiler oder auch
Gesichtsdiarrhoetiker erzeugt werden, kümmert Sonnen-
bankgrossisten nicht. Der letzte Schrei im Solarium heißt
Bräunungsduschen. Man könnte auch von der »Bräu-
nungsgeneration ›Angrillen 2.0‹« sprechen oder auf einer
globalen »Bräunungsrevolutionsparty« vor sich hin
schmurgeln. Und dabei eines jener Hähnchen verzehren,
für deren Aussehen, Geruch und Geschmack endlich eine
Erklärung gefunden wurde. Sie heißt »Bräunungsdusche«.

Ergriffe ich jemals den Beruf des Sonnenbankiers, ich
würde mein Studio »John Brown's Body« nennen. Dass
dieser Körper im gleichnamigen Lied als »amoulding in
his grave« beschrieben wird, als in seinem Grabe verfau-
lend, störte dabei weder die »Sunpoint«- und »Sprühbräune«-Discounter noch ihre Kundschaft. Sie würden es
schlicht nicht bemerken.

# Dick und urgemütlich
## Betrachtung eines Klischees

»Dick sein ist keine physiologische Eigenschaft – das ist eine Weltanschauung«, schrieb Kurt Tucholsky, dem Erich Kästner nachrief, dass ein kleiner dicker Berliner ganz allein mit seiner Schreibmaschine die Katastrophe habe aufhalten wollen.

Heroen stellt sich die Welt kerzengerade und gertenschlank vor, groß, durchtrainiert und von entsprechend festem, kernigem Charakter, während Dicke als Labilisten gelten, als Genusssüchtler, die keiner Versuchung widerstehen können. Weshalb runde Menschen auch als »gemütlich« gelten, als angenehm inkonsequent. Selbstverständlich hält sich, wer bei Groschen ist, lieber in Gegenwart von Menschen auf, die nicht asketisch und diszipliniert ihre Brotscheiben und Gläser abzählen, sondern fünfe gerade und den lieben Gott einen guten Mann sein lassen können. Wer möchte beim Essen schon neben einem Kalorienrechenschieber sitzen, der über die medizinischen Folgen üppiger Ernährung zu dozieren versteht und womöglich noch auf das Thema Hunger in Afrika zu sprechen kommt? Der also die Sorte schlechte Stimmung verbreitet, die niemandem hilft oder nützt?

»Lasst dicke Männer um mich sein«, soll Cäsar gesagt haben, der nicht im Ruf steht, gemütliche Kaffee-und-Kuchen-Kränzchen veranstaltet oder geschätzt zu haben. Dicke sind nicht gemütlich, es sei denn, man hielte einen angeschossenen Grizzly für den Inbegriff der Gemütlichkeit. »Versuch's mal mit Gemütlichkeit, mit Ruhe und Gemütlichkeit!«, singt zwar der Bär Balou in der Zeichentrickverfilmung des »Dschungelbuchs«, doch bekommt er eben nur ein Klischee in den Mund gelegt. Bären sind nicht gemütlich, sie sehen nur so aus. Bären wirken flauschig, sind aber grimmig und schnell, auch wenn das Medienland Infantilien schier durchdreht angesichts der »Knut«, »Flocke« oder »Dalai Lama« genannten Maskottchen.

Das deutsche Gemüt dagegen wird in seiner klemmigen, neidischen Schrappigkeit repräsentiert von dürren Gestalten. »Ich bin froh, dass ich kein Dicker bin«, trompetete Westernhagen und singt so schwach, dass er von Gerhard Schröder mit einem Bundesverdienstkreuz gestützt werden musste. Was ihm beim Dichten immerhin zu solchen Perlen verhalf: »Ich bin wieder hier / in meinem Revier.« Das reimt sich dann auch prima auf jenes Becks's Bier, für das Westernhagen Reklame machte.

Sein Dünnsein fasste Westernhagen in folgende Reimversuche: »Ich bin froh, dass ich kein Dicker bin / denn Dicksein ist 'ne Quälerei / Ja ich bin froh, dass ich so'n dürrer Hering bin / denn dünn bedeutet frei zu sein.« Was für ein schönes »denn«: »denn dünn bedeutet frei zu sein« ist beinahe so zwingend wie das »denn« im Lied der Gruppe »Dschingis Khan«: »Lasst noch Wodka holen / denn wir sind Mongolen.«

Die Freiheit, die Dünnsein bedeutet, sei dem blutarmen, fischmundig-lippenlosen Westernhagen gegönnt. Es ist die Freiheit, sich seine Musiker überall kaufen zu müssen, denn freiwillig spielte ja niemand mit Westernhagen. Wozu auch? Und im Bett holt man sich an solchen verbissenen Gestalten auch nur keinen Spaß und blaue Flekken. Während der Pykniker Wärme abstrahlt und Wonnigkeit.

Dicke sind nicht gemütlich, im Gegenteil: Sie haben sich entschieden, Abbild der Welt zu sein, und die ist, aus gutem Grund, nun einmal rund. Das Dünne muss in der Ecke stehen, das Magere wird vergehen, das Runde aber darf sich immer weiterdrehen.

# In der Wellness-Traufe

Ein Vergnügen ist es, Körper und Geist in der Sauna zum Prickeln zu bringen und zu erfrischen. »Ich bin die Schàcklien«, sagt die Aufgussmeisterin in der Leipzig-Paunsdorfer Sachsentherme, und während man sich noch ihres Argots erfreut, wird man bereits ausgekocht im zischenden Dampf, die Nüstern blähen sich und saugen die gekräuterte heiße Luft ein, und aus den Poren sprudelts wie aus Geysiren.

Das MeridianSpa in Hamburg-Eppendorf bietet dagegen einen »romantischen Fächeraufguss mit Musik« an. Nachdem der Aufgießer mit einem sehr albern aussehenden Requisit ein laues Lüftchen herbeigefächert hat, macht er sich an einem Brüllwürfel zu schaffen und füllt den lauwarmen Raum mit einem maggifixundfertigsoßigen Geräusch, das klingt, als hätte jemand ein besonders anbiedernd grienendes Pressefoto des Dalai Lama vertont.

Das esoterische Gesummse und Gezirpe verstrahlt mehr Aggression als alle Alben von Motörhead zusammen, aber nicht ein Millionstel ihrer Vitalität. Das Simulationszeug, das »Wellness« heißt, ermüdet den Körper, tötet den Geist.

# Vive la Trance!
## Zum »Welthypnosetag« am 4. Januar

Jeder Tag hat seine Bürde, und das sogar ganz offiziell. Jahrhundertelang spendeten katholische Heilige den Tagen ihre Namen; sie wurden durch profanere Titel- und Losungsgeber ersetzt. Der 19. November beispielsweise wurde 2001 zum »Welttoilettentag« erklärt; wie wird sich jemand fühlen, der seinen Geburtstag seitdem als »Welttoilettentag« feiern darf? Solche Fragen lassen die Lobbyisten aller Couleur allerdings kalt; die Interessensdurchdrücker wühlen und prokeln so lange, bis ihre Auftraggeber es zu einem eigenen Tag im Jahreskalender gebracht haben, der ihnen zu entsprechender Aufmerksamkeit verhelfen soll.

Auch die Hypnotiseure aller Länder haben es geschafft. Der 4. Januar ist Welthypnosetag, und das ist eine schöne Gelegenheit, Dinge zu tun, die man bisher noch nicht wagte: Mit starrem Blick ein Juweliergeschäft betreten, wortlos alles Geschmeide an sich raken und den Laden mit dem gleichen starren Blick verlassen? Kein Problem, wenn man hypnotisiert ist. Sollte man später von Kriminalbeamten drangsaliert werden, verweist man einfach auf die einschlägige Literatur: Die Abenteuer von Micky Maus und Donald Duck zeigen bildreich, wie grundgute Charaktere unter Einfluss von Hypnose zu willenlosen Werkzeugen anderer werden. Den Schmuck gibt man am nächsten Tag einfach zurück, und sowohl der Juwelier als auch der ermittelnde Kommissar Hunter werden sich verständnisvoll zeigen.

Hypnotiseure regen nicht nur kriminelle Phantasien an,

sondern tun auch ganz normale und vergleichsweise langweilige Dinge. Wer nicht mehr rauchen möchte, aber nicht weiß, wie man das bleiben lässt, wendet sich nicht selten an einen Hypnotiseur, der auch die sich ans Nichtrauchen anschließende Gewichtszunahme hypnotisch behandelt, bis der Patient nichtrauchend schlank ist, seine Laster auf andere Felder verlagert und Juwelendieb wird; die Schore teilt er sich später mit seinem Hypnotiseur, und sollte er einmal erwischt werden, kann er sich einfach an nichts erinnern.

Ich wurde, soweit ich weiß, noch niemals hypnotisiert, habe aber der Welt zu einer Hypnotiseurin verholfen. Vor einigen Jahren legte ich, um endlich einmal auf den berühmten grünen Zweig zu kommen, eine Kalauerkasse an, in die ich für jeden Kalauer drei Euro einzahlte. Ich kalauerte hemmungslos, und in erstaunlich kurzer Zeit kam eine erfreuliche Summe zusammen.

Um mich nun nicht, für den Fall, dass ich in die Fänge eines Hypnotiseurs geriete, selbst auszurauben und um die Früchte meines Kalauerwerks zu bringen, vertraute ich meine prall gefüllte Kalauerkasse einer mir näher bekannten Dame an. Als ich diese nach einer längeren Reise aufsuchen wollte, war sie mitsamt der Kasse verschwunden. Nachforschungen ergaben, dass sie den Betrag in eine Ausbildung zur Hypnotiseurin investiert hatte und mittlerweile erfolgreich in der Juwelenbranche tätig sein soll.

Um doch noch mein Glück zu machen, eröffnete ich rasch ein neues Kalauerkonto. Das Kennwort lautet Hypnotenuse, das heißt auf deutsch Vive la Trance!

# Die neue Blech-Etikette

Immer häufiger geschieht es, dass auch in guten Restaurants Weine mit Metallverschluss verkauft werden. Das muss nicht gegen die Qualität der Weine sprechen, nur lässt die jahrzehntelange Gewöhnung an den Korken bei Schraubverschlusswein eben den Zweiliter-Pennerbomben-Groove fürchten. Um diese Angst zu bannen, präsentieren Sommeliers auch die blechverschlossene Ware mit unverändertem Aufwand, zeigen die Flasche vor und legen den linken Arm hinter den Rücken, eine vertrauensstiftende Geste aus jener Epoche, als man an den Höfen weltlicher und kirchlicher Herrscher Konflikte und Machtfragen noch kompetent mit Gift löste, das im Wein dargereicht wurde.

Nur das Öffnen der verschraubten Flasche wirkt, optisch wie klanglich, ein bisschen kulturarmselig; es gab aber auch schon Zeiten, in denen man den entsprechend präparierten Flaschen ganz simpel den Hals brach und sie dann ohne Glas direkt vor den Hals nahm. Werden wir also nicht pingelig oder etepetete; es handelt sich ja nicht um Prosecco aus der Aluminiumdose, der tatsächlich bei Strafe des Untergangs untersagt ist.

Erfreulich an der Flaschenverschraubung ist die Abwesenheit von muffigem oder fauligem Korkgeschmack im Wein. Das setzt auch eine Klientel aufs Trockene, die sich einen Sport daraus machte, an einem Wein möglichst lauthals und mit viel Getue ein »Geschmäckle« zu finden, einen »Zapfen«, oder zu behaupten, dass »der Wein möpselt«. Diese Herren – denn um solche handelt es sich bei den Maklern des Mäkelns ausnahmslos, Frauen sind anders beschränkt und zickig, aber diese Nummer ist ihnen zu spezifisch männerdoof – müssen sich jetzt etwas Neues ausdenken, um an Kellnern ihr Mütchen zu kühlen.

Einer legte sich richtig ins Zeug. Eingehend betrachtete er den vom Kellner aufgeschraubten und eingegossenen Wein, schwenkte das Glas, betrachtete die Kirchenfenster im Glas, roch den Wein, kostete ihn und sagte dann sehr bestimmt: »Pardon, ich fürchte, der Wein hat Schraub.« Dem Kellner war diese Kritik offenbar noch nicht untergekommen; er sah den Gast verdutzt an und fragte erst nach einigen Sekunden: »Verzeihung, der Wein hat was?«

»Schraub«, wiederholte der Gast betont würdevoll. »Oder, wenn Ihnen das lieber ist, Blech. Der Wein schmeckt nach Blechschraubverschluss«, und fügte, nachdem der Sommelier nicht reagierte, erklärend hinzu: »Ich schmecke das, leider. Ich kann auch gummiverkorkten Wein nicht trinken. Vor allem die fleischfarbenen Gummikorken gehen gar nicht. Die riechen nach Leichenfingern.«

Der Kellner hatte sich gefasst, sagte »Ah ja«, hielt sich den Schraubverschluss, den er noch in der Hand hielt, unter die Nase, schnupperte, verzog schmerzlich das Gesicht und pflichtete dem Gast bei: »Sie haben ganz Recht, das Blech ist nicht gut.« Er schnupperte abermals, sah den Blechverschluss nachgerade angewidert an, schüttelte den Kopf, murmelte »Nein, ganz und gar nicht gut«, räumte Flasche und Glas vom Tisch ab und ging.

Zurück kam er nicht. Wahrscheinlich schlug er den Kollegen in der Küche vor, sich richtig schön einen einzuschrauben.

# Brechkork und Blumenfreuden

Der Tisch im Restaurant kippelte. Kippelnde Tische deprimieren mich, oder sie machen mich nervös bis an den Rand der Raserei. Noch stand es null zu null zwischen dem FC Schwermut und der Spielvereinigung Weißglut. Ich bat den Kellner: »Entschuldigen Sie, der Tisch kippelt. Könnten Sie bitte den Tisch entkippeln?«

Der Kellner, es handelte sich um den Sommelier, sah mich streng an: »Sie haben den Tisch verschoben.« – »Habe ich nicht«, gab ich zurück. »Ich habe nur versucht, ihn gerade zu ruckeln, damit er nicht kippelt.« Der Kellner hob sein Kinn ein paar Zentimeter höher. »Dafür haben wir Brechkork«, sagte er mit einer Stimme, mit der man Rost vom Fahrrad wischen oder Gitterstäbe hätte durchfeilen können. Er zog etwas aus der Westentasche, zerbrach es, bückte sich, machte sich an einem Tischbein zu schaffen, kam wieder hoch und ruckte am Tisch, der betonfest stand. »So«, sagte der Kellner. »Und nun zum Wein.«

Ich war beeindruckt und wollte seine Persönlichkeit auf gar keinen Fall einschränken. Also bat ich ihn um eine Weinempfehlung. Er empfahl einen Roten »mit Aromen von Sattelleder«. Wollte ich das? Durchgeschwitzten Reiterpopo mit Ledermiege im Glas haben? Ich schüttelte den Kopf. »Ach nein. Lieber nicht.« Sein Blick blieb strikt; seine zweite Weinofferte beschrieb er als »animalisch mit Zaumzeugaroma«. War ich auf einem Ponyhof gelandet? Im Gestüt Schlendrian?

Ich nickte kennerhaft. »Zaumzeug ist in Ordnung. Hauptsache, das Trensenaroma kommt voll zur Entfaltung.« Der Sommelier fand das nicht komisch. Er sah aus, als hätte er Brechkork.

Doch der Wein, den er brachte, war gut, und so wurde der Frühling eingetrunken. Auch der nächste Morgen war voller Düfte und Aromen. Die schönsten Tulpen stellte ich mir auf den Tisch, schimmernd grün die Stengel und Blätter, leuchtend orange die Köpfe. Sie duften nach Leben, und ihre Schönheit inspiriert zum Küssen, zu Dichtung und Gesang, und dazu, das Hässliche und Gemeine nicht als gegeben hinzunehmen.

Oft habe ich die Blumenhändlerin und den Blumenhändler, die soviel visuelle und olfaktorische Anmut unter die Leute bringen, darum beneidet, dass sie ihrer Arbeit in solch einer Fülle von Blumen nachgehen können. Meine Bewunderung wuchs noch, als die Blumenhändlerin einer Kundin eine Geschichte erzählte, die ich, einen Meter entfernt Blumen auswählend, mitanhören durfte:

Zwei Freundinnen sitzen in der Küche beim Kaffee und plaudern. Die Gastgeberin schaut aus dem Fenster und sieht, dass ihr Mann mit einem Blumenstrauß im Arm von der Arbeit heimkommt. Lächelnd sagt sie zu ihrer Freundin: »Mein Mann kommt nach Hause, er hat Blumen dabei. Da werde ich wohl heute Abend nicht mit Reizen geizen und die Beine spreizen.« Woraufhin ihre Freundin sie überrascht ansieht und fragt: »Habt ihr keine Vase?«

Die Blumenhändlerin und ihre Kundin kicherten heftig, auch ich prustete los. Was für ein feiner Witz über Unschuld und Naivität! Ich kaufte die schönsten Tulpen, ging nach Hause und dachte: Es gibt so viele Formen der Liebe; ihrer zartesten und anregendsten eine aber ist der Floralverkehr.

# Das alles bin Carpendale

Wenn SM sado-maso heißt, bedeutet MS dann mado-saso? Oder Mutterschiff? Mit vielen Muttiregistertonnen? Oder Multiple Sklerose? Bevor Howard Carpendale auf eine »Abschiedstournee« ging, wurden MS-Gerüchte gestreut. Seitdem aber grinst, golft und tennist Carpendale tiptop und chipsfrisch durch Welt und Leben, jedweder Mitleidsboni ganz und gar unbedürftig, und wir singen weiter weder selten noch ungern, was Carpendale uns einst eingab: »Du fängst den Wind niemals ein, der Wind will nischt gebunden sein, und isch frage misch, wie lang isch disch noch halten kann, o schubi-damm-damm...«

Irritierend allerdings wirkte Carpendales Selbstpräsentation im Jahr 2011. Auf Plakatwänden sonder Zahl saß er auf einem nichtssagend hässlichen Rechteck von Sofa und ließ, die Beine übereinander geschlagen, das Plakat sagen: »Das alles bin ich«. Und so fragten wir uns: Alles das also wäre Howard Carpendale? Diese Schuhe, diese Hose, dieses Hemd, dieses Jackett? Und auch dieses Sofa? Wollte Howard Carpendale, von seinen ostdeutschen Fans auch gern als »Zar Pendale« verehrt, mitteilen, dass MS eigentlich Muttis Sofa bedeutet? Oder meinte er bloß die gute, alte Mentale Sinnlosigkeit, die wir uns von ihm doch schon längst eingefangen hatten, o schubi-damm-dahamm...?

# Was in Köln Klassik ist

Reichlich vollgehängt ist die Stadt mit Plakaten, auf denen das Konzert »BAP – Die Klassiker« angekündigt wird. Ich stutze kurz; gibt es Beethoven und Haydn demnächst mit kölschen Zwischentexten? Oder ist BAP-Chef Wolfgang Niedecken unterdessen so vom Größenwahn umnachtet, dass er seine eigenen Lieder als »Klassiker« bezeichnet? Ein Blick auf die Homepage von BAP zeigt: Ja, ist er. Weisheiten wie »Et Levve ess en Autobahn« werden von Niedecken in den Rang eines Klassikers erhoben; wenn es kein anderer tut, legt man eben selbst Hand an.

Der über sich selbst stets auskunftfreudige Niedecken führt auch ein digitales »Logbuch« über sein Leben als Klassiker, in dem man beispielsweise erfährt, dass er sich »wie fast jedes Jahr am 18. September inmitten von optimal gelaunten Menschen auf Tinas Geburtstagsparty wiederfindet«. Das ist hochinteressant und macht auch neugierig: Wie kann man sich nicht nur gut, sondern gleich »optimal gelaunte Menschen« vorstellen? Wie einen »Robin«, der am 4. Oktober bei Niedecken vorbeikommt und schon »optimal vorgearbeitet hat«, sodass die Arbeit »kein größerer Akt« ist? Oder wie einen »Didi«, mit dem Niedecken sich »nach dem Frühstück Robins ersten Rohschnitt ansieht, um danach mit ihm telefonisch das Hauptproblem zu erörtern«?

Erstaunlich, was Niedecken für öffentlich mitteilenswert erachtet; noch erstaunlicher, in welcher Sprache er es in die Welt drückt: »Auch heute erstmal ins Büro, 11 Uhr Meeting mit Simone Horn in Sachen Promo-Aktivitäten für die Jubiläumsjahr-Box, die jetzt definitiv wie unser diesjähriges Abschlusskonzert im Palladium heißen wird.« Der Jargon mischt Banalitäten wie die Phrase vom »Papierkrieg im Büro« mit Marketinghülsen, Schaumsprech und dem unverzichtbaren Hinweis aufs Produkt.

Es ist Wolfgang Niedecken gelungen, seiner notorischen Selbstreklame den Anstrich und die Aura einer so vagen »Geradlinigkeit« wie esoterischen »Ehrlichkeit« zu geben, und da er dieses Glaubensgeschäft seit nunmehr 35 Jahren erfolgreich betreibt, als »Kuratoriumsmitglied der Bundesliga-Stiftung« wie, noch verdienter, als »Skoda Kulturkopf«, will er sich selbst schon als ein Klassiker erscheinen, dessen Lieder selbstredend ebenfalls Klassiker wären. Wer wollte das RoutineRaumschiff »Wolfjank«, das im Planquadrat »Niedecken« kreuzt, in diesem Selbstgutfindungsprozess noch stören?

PS: »Et Levve ess en Autobahn« heißt auf deutsch übrigens »Leverkusener essen an der Autobahn«, und das finden die Kölner natürlich ganz klassisch komisch.

# Von deutschen Worten und Wörtern

Eins von den aufgedunsensten Worten:
verorten
(»Du, ich würde mich eher links verorten...«)

Eins von den unelegantesten Wörtern:
erörtern.
(»Schatz, ich möchte das jetzt mit dir erörtern...«)

Mit Ei, ei, ei Verpoorten
erst beim Eierlikör sich verorten,
dann mit Dörthe die Aorta erörtern:
Das schaffen Deutsche mit Worten und Wörtern.

# Soestbrot und
# Unaussprechlichsmühle

Darf man so kalauern: Ein Soestbrot ist die Grundlage für Alksmühle? Man muss sogar. Denn Harry Rowohlt hat es verfügt: Man wird sich dereinst für jeden Kalauer verantworten müssen, für den man sich zu schade war.

Nach einem Quantum Soest ging die Lesereise weiter nach Schalksmühle, einer Gemeinde, die zwischen Hagen und Lüdenscheid liegt. Ich kaufte eine Fahrkarte für eine direkte Zugverbindung von Dortmund nach Schalksmühle. Der Mann am Schalter sah mich vertraulich an und flüsterte:»Wo wollen Sie hin? Nach Unaussprechlichsmühle?«

Ich verstand nicht. Er flüsterte weiter:»Wir sind hier in Dortmund; das Wort« – er wurde noch leiser – »Schalke« – er würgte es geradezu aus und schüttelte sich – »spricht man hier nich aus.« Ich nickte.»Unaussprechlichsmühle. Eine Rückfahrkarte, bitte.« Er lächelte.»Is klar. Da will man ja au nich bleiben.«

Um gegebenenfalls in Schalksmühle bleiben zu können, müsste man zunächstmal nach Schalksmühle gelangen. Das ist nicht einfach, Schalksmühle versteckt sich gut. Ob es daran liegt, dass Schalksmühle die Stadt mit der größten Dichte von Einkommensmillionären in Deutschland ist? Der Zug von Dortmund jedenfalls fuhr nicht nach Unaussprechlichsmühle; in Iserlohn wurde verkündet, der Zug ende hier und fahre nach kurzem Aufenthalt zurück nach Dortmund.

So stand ich nachmittags auf dem Bahnhof Iserlohn; die Filiale der Bahn war längst geschlossen, auch sonst konnte mir niemand sagen, wie ich nach Schalksmühle kommen könnte. Die Antwort, die ich auf meine diesbezügliche Frage bekam, lautete immer gleich: »WO wollen Sie hin?«

Auch der Taxifahrer, an den ich mich schließlich wandte, sagte nur: »Schalksmühle? Da war ich no nie!« Er tippte mein Schalksmühler Ziel ins Navigationsgerät und fuhr los. »Na ja«, sagte er leutselig. »Manchmal fahr ich so'n paar Junkies zur Methadonstelle hier in Iserlohn. Da sind auch welche aus Schalksmühle bei.«

Zum Methadon nach Iserlohn, gab ich zurück; er fragte, was ich denn in Schalksmühle wolle. Es gebe dort eine Veranstaltung, sagte ich; er lachte und fragte: »Was denn für eine?« Ich sagte ihm, die Veranstaltung sei ich. Er musterte mich im Rückspiegel, betrachtete meinen Borsalino und fragte: »Was machense denn da so? Was mit Zauberei?«

Ich freute mich fast kaputt und sagte wahrheitsgemäß, das treffe es ziemlich exakt.

# Stop making Pirmasens
## Der Horeb, M. Reif und Mose 9, 8

Wenn man Iggy Pops Zeile »I see the dark and the hollow sky« singt, denkt man ganz bestimmt nicht an Sky-Fernsehn und schon gar nicht an den Sky-Fernsehmann Marcel Reif, denn Marcel Reif sieht mittlerweile aus wie seine eigene Oma. Das kommt bei älteren Herren vor, denen das Testosteron ausgeht und die sich gleichzeitig das Haar länger wachsen lassen, als es gut für sie ist.

Elaborierter sogar als am Eigenoma- und Eigenkoma-Look hat Marcel Reif an seiner rhetorischen Umnachtung gefeilt; eine noch drückendere Unterlegenheit dem Wort gegenüber ist schwer vorstellbar. So wird man Chefkommentar, gargel, gargel, quack.

Vor der Dortmunder Gastwirtschaft »B-Trieb« wurden allerlei Spitzenleistungen wiedergegeben, mit denen Reif auf dem Glatteis der freien Rede zu glänzen gewusst hatte. Ulrich Schlitzer, Sänger der Dortmunder Band »The Buh« berichtete, dass er Marcel Reif mit einer fußballerischen Fachfrage als Bewohner des Niemandslandes habe kennenlernen dürfen; Reif wusste offenbar nicht, wie die Fußballarena der Stadt Pirmasens heißt.

Dabei weiß ein jeder, dass in Pirmasens in der legendären Kampfbahn namens »Der Horeb« Fußball gespielt wird, dass der Horeb jener »Gottesberg« ist, an dem Mose eine Verabredung mit Jehova hatte, und jeder zitiert aus dem Gedächtnis Mose 9,8: »Und am Horeb erzürntet ihr Jehova; und Jehova ergrimmte über euch, so dass er euch vertilgen wollte.«

Vertilgen ist ein zu schönes Wort, um es Jehovas Zeugen zu überlassen. Am Tresen des »B-Trieb« bestellte ich eine Frikadelle, um sie nach Art Jehovas zu vertilgen, dass es eine Art hatte; in der Wartezeit fiel mir dann ein, dass die Pirmansenserinnen und Pirmasenser ihre Stadt nicht Pirmasens nennen, sondern »die Treppenstadt«, »die Schuhstadt« oder auch »Bemmisens«: Ob sie ihre Frikadellen wohl mit Bemmisenf vertilgen? Oder, wie man in Dortmund sagen würde, mit Bemmisempf? Dann stimmte David Byrne »Stop making Pirmasens!« an, im Stadion sah Marcel Reif aus wie in Omischweiß frittiert oder wie mit Omischweiß frisiert oder beides, aber da sangen wir schon das alte Lied von Jigsaw: »You've blown it all sky-high, by telling me a lie, without a reason why, you've blown it all sky-high...«

So vergeht das Leben, manchmal weiß man wirklich nicht mehr, wie man da noch mitkommen soll, aber schöner als Fernsehn ist es immer.

# Richtig einkaufen in Madrid

»Ich sah ihn, ich sah ihn, ich sah Nuri Sahin«, schrieb ich schwer beeindruckt vor ein paar Jahren in Dortmund auf eine Postkarte, die ich nach Berlin schickte, und auch in der Saison 2010 / 2011 hatte ich im Dortmunder Stadion Gelegenheit, Nuri Sahin bei der Arbeit zuzusehen, zum Beispiel bei seinem traumschönen Freistoß zum Zweizunull gegen Bayern München am 3. Oktober 2010.

Damit ist es vorbei. Im Sommer 2011 verließ Nuri Sahin Borussia Dortmund und wechselte zu Real Madrid. Wie viele in Dortmund hätte ich gern gesehen, dass die Dortmunder Meistermannschaft zusammengeblieben wäre; jetzt muss man auf Sahins Rückkehr ins Dortmunder Stadion warten, bis Dortmund und Madrid in der Champions League aufeinander treffen.

Man soll einem guten Mann keine Steine in den Weg legen, sondern sich über die schöne Zeit freuen, die man mit ihm hatte. Ich muss nur jedes Mal lachen, wenn aus einem Fernsehfußballreporterschnäuzchen ganz stolz heraustropft, Real heiße »die Königlichen«. Das weiß Nuri Sahin besser. Real heißt Richtig einkaufen angenehm leben, und das kann Sahin in Madrid nun tun.

## Die SKY-line Ohrenpein

Wer darf schlabbrig kommentieren
Sich als Ranzsack inszenieren,
und, das tut besonders weh,
auch beim Spiel des BeVauBe
seine präsenilen Phrasen
als Reporterkunst verblasen?

Wer kann labern, ächzen, lallen
Auch von »Ja, da geht was!« quallen?
Welcher Herr der Geistesgicht
Kann nur plappern, denken nicht?
's ist kein stummes Tier von Steiff,
dummes, dummes Marcel Reif.

# Das Leben der anderen
## Aus der Fußball-Apotheke

Hat Fußball eigentlich auch etwas mit Sport zu tun? Und Sport etwas mit Gesundheit? Wenn man Fußballmedien wie den *Kicker* studiert, denkt man eher, man säße beim Arzt und müsse, weil nichts anderes zur Hand ist, *Das goldene Blatt* lesen. Was Tanten-Redakteuren die Fürstenhöfe, das sind den Sportschriftleitern die Fußballmannschaften, über die es nicht viel zu berichten, aber jede Menge zu erzählen gibt. Über die Krankheiten, Blessuren, Verletzungen, Malaisen von Fußballspielern erfährt man alles; Rücken- und Adduktorenprobleme, Sprunggelenke, Waden, Oberschenkel, Muskelfasern und Muskelbündel, Knöchel; Zerrungen, Dehnungen, Risse und Brüche, alles wird verhandelt, und wahrte man nicht kühle Distanz, man wäre geradezu erschüttert über die zutiefst kranke Gesellschaft, die vor einem ausgebreitet wird. Lazarette sich, wer kann!

Was man früher Klatsch und Tratsch nannte, heißt heute Informationsgesellschaft. Man kann an Rehabilitationsmaßnahmen von Menschen teilnehmen, die man nicht kennt, ihre Erfolge und Rückfälle miterleben, lesen, wie sie »sich durchbeißen«, sich quälen, wie sie hoffen, bangen, resignieren und doch wiederauferstehen. Ein guter Film über unnütze Medien müsste »Das Leben der anderen« heißen.

Der Fußballspieler ist aber nicht nur Fetisch, sondern auch Ware, und so erfährt man nicht nur alles über sein Kreuzband und seine Zehennägel, sondern auch über seinen merkantilen Wert. Was für ihn ausgehandelt und bezahlt wird, was er an »Ablöse« bringt, wohin man ihn für welche Summe ausleiht und ob er trotz Handspielverbots ein »Handgeld« bekommt, das alles wird mit großem Aufwand ausgebreitet, damit man anschließend über den »Wahnsinn«, von dem man lebt, die Hände ringen kann. Seriöse Sportberichterstattung kann ausschließlich im Wirtschaftsteil stattfinden.

Bis es aber soweit ist, muss man sich anders behelfen; wenn es schon keinen Sport gibt, dann wenigstens Spott. Ob sich Uwe Seeler nach dem 0:5 seines HSV bei den Münchner Bayern »Rehab« von Amy Winehouse auflegte, wurde noch nicht ausgeforscht; Seeler bekannte aber, das Ergebnis erst einmal »runtertrinken« zu müssen, und ich sah ihn schon vor mir, eine große Pulle jenes Rasierwassers in der Hand, für das er einst Reklame stand. Ob es sich bei dem chemischen Erzeugnis um »Hattrick« oder um »Pitralon« handelte, ist Teil dessen, was im Feuilleton »Diskurs«, »Debatte« und »Streitkultur« genannt wird.

Anschließend war wieder das aufdringliche »Mir san mir«-Gedröhne aus München zu vernehmen, das immer ungefähr so prickelnd ist wie die Arzt- und Apotheker-Nachrichten im *Kicker*.

# Irgendwer spinnt immer

Es war eine Freude, die Mannschaft von Borussia Dortmund Fußballmeister werden zu sehen. 14 Tage später, am 28. Mai 2011, machte ich ausgerechnet in Rheinsberg Ohrenbekanntschaft mit Dortmunder Anhang, den kein Mensch braucht. Nachts um halb zwei im Hotelzimmer vernahm ich von draußen rohe und sehr laute Stimmen: »Wer ist Deutscher Meister? BVB Borussia! Wer ist deutscher Meister? Nur der BVB!«

Das war zwar zutreffend, aber hinreichend bekannt; auch den Rheinsbergern war diese Tatsache sicher nicht entgangen. Doch ein paar volltrunkene Touristen zogen durch Rheinsberg und zerbrüllten mit ihrer redundanten Botschaft die zuvor noch zauberhafte Nacht. Wenn sie nicht den Namen des Fußballclubs missbrauchten, entließen sie ein Zweites, das in ihnen schwappte und wurden richtig widerlich: »Die Alte fick' ich von hinten!«, schrie eine Brutalstimme gleich mehrmals, andere fielen ein. Es klang wie eine Kriegserklärung an alle Schönheit der Welt. Was wollen solche Gestalten bei Borussia Dortmund? Das sind doch Schalker! Aber so vollbeschränkte, dass sie nicht einmal das wissen.

Man kann zwar versuchen, Idiotie zu ignorieren, das Fenster schließen, die Ohren, die Augen, aber die Strategie der Vermeidung schiebt die Entscheidung nur hinaus, stärkt zudem die Kräfte der Dummheit und schwächt die eigenen. Wenn die Belästigung zu massiv wird, muss man sich ihr stellen und etwas sagen. Also kann man das auch gleich tun.

Am 28. Mai 2011 konnte man in der Tageszeitung *jun-*

*ge Welt* wörtlich lesen, Israel sei eine »zionistische Herrenvolk-Demokratie«; der Autor Werner Pirker befand auch, dass »die Frage, warum ausgerechnet einem Apartheid-Staat das Recht auf ewige Existenz zugesprochen werden soll, durchaus gestattet sein müsste.«

Das nächtliche besoffene Gebrüll in Rheinsberg und das antisemitische Delirium haben zweierlei gemein: Niedertracht und Impotenz. In einem Wort: Schalke. Das ja genau deshalb der Lieblingsclub des Führers war.

# Vom Zuckerwein zur kalten Muschi
## Hitler, Kreuzbergtouristen, FC St. Pauli:
## Alle mögen's süß

Als Adolf Hitler im Wiener Männerheim wohnte und als Aquarellist dilettierte, war er noch nicht der Temperenzler, als der er später Weltruhm erlangte. Hitler trank, sei es, weil Künstler das eben tun, sei es gegen die Kälte, Rotwein, den billigsten, den es gab, denn die Kunst war brotlos, und in die Akademie nahm man ihn nicht auf, mit den bekannten Folgen für den Rest der Welt.

Sauer war der schlechte Wein, doch Hitler wusste sich zu helfen, mischte einen Löffel Zucker unter und schlürfte die Brühe weg. Später, als die deutsche Großindustrie den NSDAP-Führer hofierte und Hitler auch privat bei den Schwerreichen verkehrte, hielt der Braunauer an dieser Gewohnheit fest und zuckerte die teuersten Tropfen, zum Entsetzen seiner Gastgeber, die Hitlers Gossenmanieren verachteten, auf seine Straßenmacht aber nicht verzichten konnten und wollten.

Über Dritte wurde Hitler die Information zugespielt, dass seine Zuckereinrührungen belächelt und bespöttelt wurden; so wurde ihm der Weingenuss verleidet. Er schwor furrrrchtbaarrre Rrrache und dem Weine ab; was danach geschah, ist Geschichte und wird von Guido Knopp häppchenweise als Hundefutter für deutsche Blondies serviert.

Hitlers Abgeschmack wird bis heute tradiert. In Kreuzberg 36 wurde ich Zeuge, wie drei junge Hippen Rotwein mit Sprite bestellten. Der Barmann glaubte, er habe sich verhört; als die Bestellung bestätigt wurde, schüttelte und weigerte sich dieser Felsen des Geschmacks in der Brandung des Zeitgeists. Haltung statt Pose hat ihren Preis; der Barmann wurde als »autoritärer alter Sack« beschimpft. Dann zogen die hippen Hippen weiter, der Klebrigkeit entgegen.

In Kaufhallen und an Tankstellen wird »Kalte Muschi« feilgehalten; bei diesen Worten zieht sich nicht nur das Skrotum zusammen, sondern auch die Zunge. »Kalte Muschi« ist der Name für Rotwein mit Cola beziehungsweise für »Rotwein Cola Zeugs«, das auch als »offizielles Kaltgetränk« ausgerechnet des antifaschistisch orientierten FC St. Pauli firmierte, Totenkopfflagge inklusive.

Zur Sühne dafür, dass er mit so etwas Abscheulichem wie »Kalte Muschi« Geschäfte machte, stieg der FC St. Pauli in der Saison 2010 / 2011 aus der ersten Fußballbundesliga ab. Denn wo immer einer Zucker in Wein hineinleitet, rührt im Geiste Adolf Hitler mit.

# Zwischen Wölfen und Pflaumenbäumen
## Über Franz Josef Degenhardt

Die erste Begegnung mit Franz Josef Degenhardt verdanke ich meiner Deutschlehrerin Beate Suermann. Mitte der siebziger Jahre war das, auf dem Gymnasium in Bielefeld-Heepen, ein Plattenspieler kam vorn aufs Pult, hektographierte Texte wurden verteilt, »Deutscher Sonntag« hieß die Überschrift, und dann hörten wir eine Männerstimme zur Gitarre singen:

»Wenn die Spinne Langeweile
Fäden spinnt und ohne Eile
Giftig-grau die Wand hochkriecht,
wenn's blank und frisch gebadet riecht,
dann bringt mich keiner auf die Straße
und aus Angst und Ärger lasse
ich mein rotes Barthaar stehn,
laß den Tag vorübergehn,
hock am Fenster, lese meine
Zeitung, decke Bein mit Beine,
seh, hör und rieche nebenbei
das ganze Sonntagseinerlei.«

Schulstoff ist bei Schülern nicht unbedingt eine beliebte Lektüre, aber das hier war gut, das stimmte, diese Kleinstadtspießerei kannten wir aus eigener Anschauung und Erfahrung: nach außen alles schön akkurat und anständig, der Vorgarten geharkt für die Nachbarn, und hinter der Fassade das Grauen.

Lustig war es auch noch, wie Degenhardt die deutschen

Bürger beschrieb, eingezwängt in Verhaltenskorsetts, auch die Frauen: »Hütchen, Schühchen, Täschchen passend, / ihre Männer unterfassend«, genau, diese Tanten sah man gleich vor sich auf dem Weg zu Kirche oder Friedhof. Bei der Zeile »das ist dann genau die Zeit, / da frier ich vor Gemütlichkeit« wusste man, was der Sänger meinte, das war ein vertrautes Gefühl, und deutlich wurde Degenhardt auch: »Die Luft riecht süß und säuerlich. / Ich glaube, ich erbreche mich«.

Also wurden Degenhardt-Schallplatten angeschafft, zu der Zeit gab es schon etliche; als seine erste LP 1963 erschien, war ich gerade zwei Jahre alt, es gab also viel nachzuholen, ältere Lieder machten die Runde, »Rumpelstilzchen« war auch so ein Stück, das hinter das Make-up der Wohlanständigkeit blicken ließ:

»Wenn ein Richter vor'm Automaten steht,
einen Blechknopf zwischen Fingern dreht,
seine Frau, schon ziemlich angegraut,
verträumt nach Italienern schaut,
die lachend um die Ecke gehen und stark aussehn,
da pfeif ich einen leisen Ton
und flüstre: Na nun macht doch schon.«

So hörten wir uns, zeitversetzt, durch den Degenhardt'-schen Kosmos, den »Weintrinker«, die »alten Freu-heunde« und die »Wölfe mitten im Mai«, die mir bis heute Schauer über den Rücken jagen:

»Jetzt kommen Zeiten, da heißt es, heraus
mit dem Gold aus dem Mund.
Seid klug und
Wühlt euch Gräben ums Haus.
Gebt eure Töchter dem rohesten Knecht,
jenem, der noch zur Not
nicht nur Brot
mit den Zähnen aufbricht.

So sang der verschmuddelte Bauchladenmann
Und pries Amulette aus Wolfszähnen an...«

Degenhardt sang über eine Vergangenheit, die nicht vergehen konnte, weil sie mit größter Anstrengung verdrängt
wurde. Er tat es in bildreicher Sprache, düster metapho-
risch oder auch sarkastisch wie in »Horsti Schmandhoff«,
der Ballade vom allseits beneideten und bewunderten
Opportunisten. Das Personal, das seine Lieder bevölkerte,
beschrieb er in Worten, die mir neu waren: vom »Zoodi-
rektor, abgehalftert wegen Sodomie« sang er in »Väter-
chen Franz«, in dem auch »der schwule Kommunist mit
TBC und ohne Pass« auftaucht. Solche Geschichten wurden Zuhause jedenfalls nicht erzählt.
Als ich 1980 noch vor Abitur und Musterung den
Kriegsdienst verweigerte und die sogenannte »Gewis-
sensprüfung« absolvieren musste, war Degenhardt schon
da. Seine »Befragung eines Kriegsdienstverweigerers
durch den liberalen und zuvorkommenden Kammervor-
sitzenden«, 1972 veröffentlicht, war zu der Zeit schon ein
Klassiker. Und traf den Nagel auf den Kopf:

»ein paar ganz normale Kriminelle
schwer betrunken und bewaffnet
nachts im Park
machen sich an Ihre Freundin ran
SIE haben wieder die MPi dabei
Na was machen Sie?
Sagen Sie uns bloß jetzt nicht
Sie fallen auf die Knie und beten« –

mit dieser Sorte Schweinchenschlaumacherei wurde man
als Verweigerer ja tatsächlich belöffelt und bekam irgendwann mitgeteilt, man könne für die Wehrdienstver-
weigerung keine Gewissensgründe geltend machen, sondern allenfalls, wie lustig, »gewisse Gründe«.
Jedenfalls war Degenhardts Stück über die Gewissens-

prüfungsfarce nützlich und hilfreich, der sarkastische Ton stärkte den Rücken, es tat gut, wie geradezu lustvoll exakt er einen freundlich auftretenden Zyniker wie den Ausfragungsvorsitzenden gab. Auch in anderen frei zur Gitarre gesprochenen Stücken wie »Progressiv dynamisch mit Fantasie aber sachlich« entfaltete er diese Qualität, fiese Typen in Rollenprosa vorzuführen.

Die »Ballade vom verlorenen Sohn« hörten wir, mit den legendären Zeilen »Der kommt nicht mit, / der kommt nicht mit«; ein Lied, mit dem Degenhardt zeigte, dass seine klassischen »Schmuddelkinder« eben nicht ad acta gelegt und zur Folklore geronnen waren, sondern dass es sie zu allen Zeiten gibt. Da war Degenhardt schon längst bekennender Kommunist, und als Kommunist ist man in Deutschland automatisch weg vom Fenster – beziehungsweise »weg vom Fenster mit Blick auf den See«, wie Hannes Wader es in seinem Lied »Der Tankerkönig« in anderem Zusammenhang so schön formulierte.

1988 hörte ich zum ersten Mal persönlich von Franz Josef Degenhardt. Ich war am 1. Mai in Kreuzberg polizeilich zusammengeschlagen, verhaftet und in Untersuchungshaft gesteckt worden: ein paranoider Staatsanwalt wollte »Flucht- und Verdunkelungsgefahr« erkennen. Degenhardt schrieb mir eine Postkarte in den Knast, die ich allerdings, wie alle andere Post auch, erst ausgehändigt bekam, als ich nach elf Tagen entlassen wurde. Es waren tröstende, bestärkende, klare Worte; »der Feind«, schrieb Degenhardt, wolle mir ans Leder, nun gelte es, stark zu bleiben.

Auch gegen andere Widrigkeiten hatte Degenhardt ein As im Ärmel. 1994 war nach zwei Jahren Laufzeit die »Schlachtenbummler«-Kolumne, die ich im wöchentlichen Wechsel mit Mathias Wedel für das *Neue Deutschland* schrieb, von der Chefredaktion gekippt worden, ich war im *ND* persona non grata. Degenhardt erfuhr davon und schrieb dem Blatt, als mein nächstes Buch erschien, eine Rezension de luxe. Erst viel später sind wir uns direkt begegnet, in Berlin, als Danny Dziuk und ich im selben Club wie Franz Josef und Kai Degenhardt auftraten. Als die beiden »Wölfe mitten im Mai« spielten, war die Gänsehaut wieder da. Dieses Lied, man muss es so sagen, hat in Deutschland nichts Antiquiertes.

Wie man ein Lied schreibt und inszeniert, wusste Degenhardt ganz genau; er war Komponist und Musiker, und die Musik in seinen Liedern hat keinen ornamentalen Begleitungscharakter. Franz Josef Degenhardt ist ein Klassiker wie Georges Brassens, dessen Lieder er ins Deutsche brachte. Kein Wunder, dass Degenhardt von den Gedichten eines anderen Klassikers gerade das lebensbegierigste vertonte: »Du sollst mir nichts verweigern« von Peter Hacks.

Degenhardts Poesie dreht sich, in aller politischen Entschiedenheit, um die Lebenssaftigkeit im Hier und Jetzt, um die Feier des Daseins an jenem »Tisch unter Pflaumenbäumen«, den er besang. Von der Aussicht auf ein besseres Leben irgendwann einmal lässt sich schließlich nicht leben, das muss man gleich tun

Degenhardt starb am 14.11. 2011, drei Wochen vor seinem 80. Geburtstag. Auf der Karte, die seine Familie nach seinem Tod verschickte, stehen vorne diese Verse des Dichters und Sängers Franz Josef Degenhardt:

»Ja, Kumpanen, Kumpaninnen,
so soll's sein mit Stumpf und Stiel:
Niemals etwas anderem dienen
als der Lust und unserem Ziel.
Irgendbald müssen wir weichen.
Rieselt schon das Stundenglas?
Hoffentlich wird dann noch reichen
der Champagner und das Gras.
Ist die Feier dann zu Ende
und sie kommt schließlich zu mir,
diese endgültige Wende,
öffne ich die schwarze Tür.«

# Hieß DDR nicht Du Darfst Rauchen?

Dass es Liebe über den Tod hinaus gibt, weiß jeder, der einen geliebten Menschen überlebt hat, ihn nicht vergisst und ihn vermisst. Hass bis über den Tod hinaus muss es aber auch geben; anders ist beispielsweise die Existenz junger Vertriebenenfunktionäre nicht zu erklären, die niemals von irgendwo vertrieben wurden, außer zu Recht von der Schule vielleicht, aber vor laufender Kamera über angeblich erlittene Verluste heulen können, als schnitten sie gerade polnische Zwiebeln oder rieben frischen, aus der annektierten Scholle gezogenen Meerrettich.

Seit 1990 ist die DDR tot und beigesetzt, doch in manchem Hinterbliebenen ist noch reichlich Energie zur Leichenschändung vorhanden. Es fällt auf, dass die nekrophilen Hassathleten desto mutiger werden, je kälter oder verwester die Leiche ist. Das Leben von Hubertus Knabe, dessen Name auf deutsch Jägerlatein bedeutet, legt Zeugnis ab davon, wie gratismutig und reputationsgesättigt man sich durchs Leben blenden und schlawinern kann, wenn man es versteht, mit einem Würde simulierenden, schmierentragödischen Essiggesicht auf nicht erlittene Qualen hinzuweisen und in stumpfer Wiederholung des Immergleichen einen sichtlich toten Dämon im Einmachglas vorzuzeigen und aber todesmutig zu behaupten, er lebe noch. Das eigentlich Unvorstellbare daran ist, dass es Menschen gibt, denen diese Zirkusnummer nicht peinlich ist oder wenigstens irgendwann langweilig wird.

Am nervtötendsten sind die politischen Nekrophilen,

wenn sie sich für lustig halten, und wenn sie auch noch glauben, Lustigsein hätte etwas mit Humorhaben zu tun. In einer Künstlergarderobe hatte ein Kabarettist oder Comedian ein Requisit vergessen: Ein »Luxus Duschbad« mit Namen »DDR«, was in ganzen Worten »Dusch Dich Richtig« heißen soll. Dusch dich richtig? Kann man denn überhaupt falsch duschen? Wie gönge das? Sich unter die Brause stellen, aber das Wasser nicht anstellen? Sich einseifen, aber nicht abspülen? Sich absichtlich mit heißem Wasser verbrühen? Richtig duschen kann jeder, oder?

Auf der Verpackung steht unter dem Händedruck-Emblem der SED »Eine Hand wäscht die andere«. Das ist in Maßen komisch, aber dann wird es qualvoll bemüht: »Auf dem 156. Plenum des ZK der SED empfahl der Kreissekretär Genosse Martin Mummelmann dieses Duschbad zur Festigung des marxistisch-leninistischen Klassenstandpunktes.« Das klingt nach längst begrabenen Pointenfehlgeburten aus dem Westberliner Frontstadtkabarett mit Wolfgang Gruner und den »Stachelschweinen«, und genauso mausetot ist es auch.

Selbstverständlich sind »Dusch Dich Richtig«-Verpackung und -Flasche rot, und die Erfinder des Scherzartikels, der wie die meisten aller angestrengt spaßigen Produkte trostfern spaßlos ist, drehen richtig auf beim Schreiben ihrer Verpackungsprosa: »Enthält letztmalig Wirkstoffe ehemaliger Volksdemokratien und von der Volkskammer einstimmig (112,5%) beschlossener Importe auch dem NSW. Aufgrund hervorragender Reinigungseigenschaften für Mitarbeiter der Staatssicherheit und diverser Grenzorgane sehr zu empfehlen.«

Empfehlen kann man die Duschbrühe allerdings nicht; sie mieft nach fiesem Chemiebetrieb; Weshalb man Faust-auf's-Auge-mäßig zu lesen bekommt: »Wurde anlässlich des Tages der Chemiearbeiter und der Messe der Meister von Morgen von einem 286-köpfigen Jugendneuererkollektiv in Eisenhüttenstadt in nur knapp siebeneinhalb Jahren entwickelt. Die 15jährige Jungneuerin Clodine-Antoinette Lehmann dazu: ›Auch ich gehe gerne in die Disco.‹«

Es könnte ja komisch sein, sich auf den absurd bürokratischen Sprachverrenkungen des Realsozialismus nochmal à point ein Ei zu braten; aber was die »Dusch Dich Richtig«-Hersteller zustande bringen, spiegelt nur das Spießertum von Leuten, die mehr konsumieren können als andere und das automatisch mit einem besseren Leben verwechseln: »Freigegeben für den Tausch auf Waren des täglichen Bedarfs wie Apfelsinen, Tomatensaft, Rinderrouladen, Rollmöpse u.ä.m. Für kühle Rechner ergeben 100000 Duschbäder einen gebrauchten VW Golf.«

Kein Witz ist zu ausgeleiert, um ihn nicht noch mal zu reißen: »Wer 100 dieser Faltschachteln beim zuständigen Abschnittsbevollmächtigten des Wohnbezirks abgibt, wird im Folgejahr für eine Stunde vom freiwilligen Subotnik befreit (Gilt bevorzugt für das Tal der Ahnungslosen).« Oder dieser, ganz stumpf und gummihammerdumpf: »Verliebte sollten den Tip beherzigen, sich nach verträumter Diskussion über Wohnungs-Antrag, Telefon-Anmeldung, PKW-Anmeldung, Hänger-Anmeldung, Campingplatz-Verlosung, Fahrschul-Anmeldung und Bewerbung um eine Schwarzmeerreise beim Duschen zu entspannen. Frisch geduscht fällt es viel leichter, den Partner zum Kessel Buntes zu bewegen.«

Wenn es couragiert gegen den toten Feind geht, ist kein Quark zu breitgelatscht: »Gegenwärtig wird weiter von der Zentralen Arbeiter- und Bauerninspektion geprüft, ob weiterhin Mark der Deutschen Demokratischen Republik für dieses exportwürdige Produkt in Zahlung genommen werden. Halten Sie deshalb Forum-Schecks bereit, falls Sie Verwandtschaft in der BRD haben. Parteisekretäre werden zur ideologischen Reinhaltung bevorzugt mit diesem Produkt versorgt.« Brauchen Sie noch einen? Voilà: »Genehmigt durch das Ministerium für Ochsenka-

strierung, Anlassfarbenplanung und Keimzahloptimie-
rung«. Und, zum Schluss, auch dieses noch: »Für alle, die
davon träumen, eine Mauer zu bauen oder das Abzeichen
für gutes Wissen zu erlügen oder siegreich die vormilitä-
rische Ausbildung zu beenden oder es der kapitalistischen
BRD irgendwie zu zeigen. Trällern Sie zur Krönung die
SED-Hymne ›Die Partei, die Partei, die hat immer
recht...‹« Wenn es mal nicht der Bataille war...

Manch alte Frau hat unter dem Arm schon besser gero-
chen als das »Dusch Dich Richtig«-Duschbad; als ehemaliger Zivildienstleistender darf ich das sagen, denn das
ist kein Witz, sondern mit Lebenserfahrung bezahlt. Ich
gehöre nicht zu den Bundesdeutschen, die ehemaligen
DDR-Leuten erzählen, wie ekelhaft oder, die gibt es
auch, wie großartig ihr Land gewesen sei. Ich habe nur
eine Allergie gegen Ausschlachter aller Art.

DDR heißt für mich Du Darfst Rauchen, und das bein-
haltet weit mehr demokratisches Laissez faire, als sich
dem zwangsvereinigten Großdeutschland nachsagen lie-
ße.

# Unter dem Pflaster liegt der Eurostrand

Es war morgens kurz vor zehn am Hauptbahnhof Münster, auf dem Bahnsteig herrschte reger Betrieb, an mehreren Stellen standen inselartig Gruppen von Männern, die Bierdosen in Händen hielten. Es handelte sich allerdings nicht um die üblichen 20-25jährigen, deren sogenannte Kernkompetenz darin besteht, mit einer Hand eine Flasche festzuhalten und sie solange durch die Stadt zu tragen, bis sie davon ins Koma fallen. Die Männer waren älter, Mitte 30 bis Mitte 40, und so, wie sie bei- und zueinander standen, war ersichtlich, dass sie alle einmal in der Bundeswehr gedient hatten.

Man kann das sehen, wenn jemand gelernt hat, sich gehorsam in eine Hierarchie zu fügen. Die Männer in der Gruppe gleich neben mir waren einfache Soldaten gewesen, bis auf den einen, der den Ton angab, das war ein ehemaliger Unteroffizier, der machte die Witze, und die anderen halfen ihm beim Lachen. Sie trugen allesamt Turnschuhe, blaue Jeans und Wetterjacke, jeder hatte eine Sporttasche dabei. Sie tranken ihr Dosenbier zügig. »Scheiße, kein Schnaps!«, bellte der Wortführer, die anderen brachten das Echo: »Hahaha!«

Eine weitere hundertprozentig frauenfreie Gruppe betrat den Bahnsteig, sie glich dem mir jetzt schon ein wenig vertrauten Haufen, unterschied sich aber in einem Detail: Zwei der Kerle trugen einen Kasten Bier zwischen sich, der zur einen Hälfte mit bereits geleerten, zur anderen mit noch vollen Flaschen bestückt war. Wo wollten die alle hin an diesem Freitagmorgen?

Ein Zug fuhr ein, bunt und auf lustig bemalt, www.eurostrand.de stand auf einem Waggon. »Wagen vier!« gab der Dosenbierfraktionssprecher bekannt, die Flaschenbiermänner schlossen sich an. Alle Männergruppen, die zuvor den Bahnsteig bevölkert hatten, ergossen sich in den rollenden Eurostrand, und dann waren sie fort.

Neugierig geworden, tippte ich später die Internetadresse in den Rechner und las: »Partytime im Eurostrand – Feiern! Wann, wenn nicht jetzt? Stress minus, Party plus – und das mit Langzeiteffekt. Denn wer im EURO-STRAND das Party-Feeling tief eingeatmet hat, bei dem hält die gute Stimmung noch ewig lange an. Am Freitag geht's los, und zwar so richtig. Ab 16.00 Uhr sind perfektes Entertainment und die Getränke inklusive. Dazu gibt's das erste von zwei großen Abendbuffets, danach Live-Musik, Disco, Show, Showband und Entertainment. Party, Party, Party – das volle Spaßprogramm!

Neben den weiteren Inklusivleistungen entsprechend unserem Angebot erwartet Sie 4-Hotelsterne-Komfort mit allem, was das Herz begehrt, zum Beispiel Flatscreen-TV in allen Schlafzimmern. Aber wer wird sich schon die ganze Zeit auf dem Zimmer aufhalten, wenn die Stimmung auf dem Siedepunkt ist? Und wenn die Laune zu Hause doch mal wieder sinken sollte: Wiederkommen ist der Garant für gute Stimmung!

Über 40 Party-Wochenenden mit mindestens 400 Gästen pro Wochenende und Anlage. Da findet jeder einen Tanzpartner! GARANTIERT!«

Ich sah die Männer vor mir, wie sie in den Sonderzug stiegen, gut angenattert schon am Morgen um zehn. Eurostrand ist ein anderes Wort für freiwillige Selbstdeportation.

# Gute Vorsätze

Gute Vorsätze? »Ich will wieder anfangen zu rauchen!«, sagt Freund und Kollege Fritz Eckenga in entschiedenem Ton. »Aber du hast doch gar nicht aufgehört«, wende ich ein, »du rauchst doch immer«, und schäme mich sofort für meine Kleingläubigkeit. Wenn ein Mann beschließt, auch fürderhin gegen den Strom zu rauchen, wer bin ich, mit kleinlicher Logik am schimmernden Lack seiner Rüstung zu kratzen?

Gute Vorsätze sind so etwas wie Treppengeländer oder Haltegriffe in der Straßenbahn: Man kann sich an ihnen festhalten, wenn der Weg holprig oder steil wird. Doch verströmt der gute Vorsatz auch die Aura eines Lifta-Treppenliftes, ohne den man es nicht mehr schafft. Sollte man mit den guten Vorsätzen also warten, bis es gar nicht mehr anders geht?

Man kann gute Vorsätze auch als Bewegungsmelder verwenden, die anzeigen, dass man sich gerade verläuft, was im forcierten allgemeinen Rattenrennen schon mal vorkommen kann, wenn man die Distanz verliert. Eine Zeitlang hatte ich mir den Satz »Wissen, was man tut« über dem Schreibtisch an die Wand gepinnt, und auch Shakespeares »Macbeth« tat gute Dienste als Erinnerer an Wesentliches: »Dies wetze scharf dein Schwert, verwandle Gram in Zorn; erschlaffe nicht dein Herz, entflamm es!« Der Satz wirkte, wie wenn man sich über eine Narbe streicht, um nicht zu vergessen, wie groß, schön und auch gefährlich das Leben ist. Shakespeares Diktum gibt dem Betrachter von Politik & Gesellschaft die richtige Haltung ein; man soll sich Schurkenstücke wie Stuttgart 21 nicht von gefinkelten Jesuiten wie Heiner Geißler so lange breitlabern lassen, bis jedweder Restverstand in Watte sich wandelt. Überhaupt ist es klug, von Medien und Mediatoren die Finger zu lassen; es gilt, selbst Kontakt mit der Wirklichkeit aufzunehmen und sie sich nicht vorkauen zu lassen.

Als ich regelmäßig im Kulturradio arbeitete, klebte ich mir einen Denkzettel an die Schreibtischlampe: »Kucken, ob der Hörer noch lebt.« Also etwas tun, das jene Routine durchbricht, mit der man das Leben und sich selbst so leicht verschaukeln kann. Auf beiden Seiten des Mikrophons gibt es Menschen, die nie mehr gestört werden möchten; werden sie geweckt, reagieren sie verärgert, berufen Sitzungen ein oder schreiben böse Briefe. Auch das sind, im Rahmen ihrer Möglichkeiten, immerhin Versuche von Lebenszeichen. Jeder wie er kann.

Nachdem ich mir dringend vorgenommen hatte, mein Leben als heucheleifreie Zone aufzufassen, wurde ich neu geboren. Trittbrettfahrer, Anwanzer, Lallbacken, Mitschnacker und Verhinderer warf ich ab, als hätte ich mich nach einem reinigenden Bad geschüttelt. Manchem gefiel der neue, klare Ton nicht; der bequeme parasitäre Platz in der Nahrungskette wollte verteidigt sein. Da aber half mir die Weisheit meines verstorbenen Freundes Michael Stein weiter, der mich gelehrt hatte: »Gewalt ist beschleunigter Dialog.« Dies zu beherzigen, ist so lange ein guter Vorsatz, bis ein besserer da ist.

# Empört euch!

Empör, empör, empör!
Brüder, zum Lichte empör!

(Die Schwestern aber bitte auch
Sonst steh'n die Brüder auf dem Schlauch...)

# INHALT

Ömm ... – 5

Angedacht – 7

Geld oder Gelder? – 9

Absolut affirmativ – 11

Sprichst du noch oder kommunizierst du schon? – 13

Knirschschiene – 17

Burnout für alle – 20

Or und Ar und Schlecker – 22

Weg oder runter? – 24

Abgeholt und mitgenommen – 26

»Ich und viele andere Menschen« – 28

Schiffsverkehr mit Bono Bongo – 30

Gestatten, Cello, Terrorist – 32

Multitasking im Rollkofferkrieg – 34

Plagiator II. – 37

Nivea Visage, die eiserne Ration – 40

»Es wird mir ... o Gott!« – 41

Veteranenstadel – 44

Elite bei der Arbeit – 46

»Ich hatt einen Käs voll Maden...« – 48

Fremdsprache Deutsch – 51

Facility Management in Abbottabad – 52

EFSF, KSK, VS – 55

Halma oder Kanonenfutter? – 57

Gravitätische Luftpumpenrhetorik – 59

Ist das noch zielführend? – 61

Die Zeit mag nah sein, aber zeitnah? – 63

Gut deutsch oder gutes Deutsch? – 65

Über das gute Recht – 67
Jetzt mit grünem Bio-Siegel – 69
Kalkulierbares Restrisiko – 71
Von Stresstestern und Resteessern – 73
Marktkonforme Döner-Morde an demokratischen
Gutmenschen – 75
Gestank des Vaterlandes – 78
Fuß heil! – 80
Kohl log nicht – 82
Lieblingspolizeibericht – 84
Multiple Kulturkultur – 86
Auf der Wortschatzinsel – 88
Mit Karl Kraus in der Bahn – 92
Aus der Frühlingsforschung – 93
Bauchgefühle, Kopfgedanken – 95
Schnittstelle – 97
Journalisten sind Spanner – 99
Erstes fett – 101
Papafitti für Anfänger – 103
Scopa im Vatikan – 105
Endlich wieder Wertedebatten! – 106
Denn der Hodensack – 108
Nie wieder! – 110
Negerkuss nein, Zeithorizonte ja? – 112
Total verhuurd in Amsterdam – 116
Sprache und Besitzverhältnis – 118
Beigekommen – 119
FETISCH PISS BUSEN – 120
Doppelnachruf – 122
Weiß Fischli, wo's langgeht? – 123
Berlin normal – 125
Kulturbetriebswirtschaft – 127
Alles im Check – 129
Aus dem Bauch raus – 131

Essen beim Betrachten von Frauen auf
Laufbändern – 133

Neues aus Qualle – 135

Rühreisprung – 137

Sex oder sechs, männlich oder weißnich'? – 139

Doktor spielen – 141

»Endoskopie is' rektal, wa?!« – 143

Berlin, eine Stadt mit Vergangenheit – 145

Aus der Servicepalette – 146

Unter der Bräunungsdusche – 147

Dick und urgemütlich – 149

In der Wellness-Traufe – 151

Vive la Trance! – 152

Die neue Blech-Etikette – 154

Brechkork und Blumenfreuden – 156

Das alles bin Carpendale – 158

Was in Köln Klassik ist – 159

Von deutschen Worten und Wörtern – 161

Soestbrot und Unausssprechlichsmühle – 162

Stop making Pirmasens – 164

Richtig einkaufen in Madrid – 166

Die SKY-line Ohrenpein – 167

Das Leben der anderen – 168

Irgendwer spinnt immer – 170

Vom Zuckerwein zur kalten Muschi – 172

Zwischen Wölfen und Pflaumenbäumen – 174

Hieß DDR nicht Du Darfst Rauchen? – 179

Unter dem Pflaster liegt der Eurostrand – 183

Gute Vorsätze – 185

Empört euch! – 187

## Aus der Reihe Critica Diabolis

21. *Hannah Arendt,* Nach Auschwitz, 13,- Euro
45. *Bittermann (Hg.),* Serbien muß sterbien, 14.- Euro
55. *Wolfgang Pohrt,* Theorie des Gebrauchswerts, 17.- Euro
65. *Guy Debord,* Gesellschaft des Spektakels, 20.- Euro
68. *Wolfgang Pohrt,* Brothers in Crime, 16.- Euro
112. *Fanny Müller,* Für Katastrophen ist man nie zu alt, 13.- Euro
119. *Wolfgang Pohrt,* FAQ, 14.- Euro
125. *Kinky Friedman,* Ballettratten in der Vandam Street, 14.- Euro
129. *Robert Kurz,* Das Weltkapital, 18.- Euro
130. *Kinky Friedman,* Der glückliche Flieger, 14.- Euro
131. *Paul Perry,* Angst und Schrecken. Hunter S. Thompson-Biographie, 18.-
139. *Hunter S. Thompson,* Hey Rube, 10.- Euro
153. *Fanny Müller,* Auf Dauer seh ich keine Zukunft, 16.- Euro
154. *Nick Tosches,* Hellfire. Die Jerry Lee Lewis-Story, 16.- Euro
156. *Hans Zippert,* Die 55 beliebtesten Krankheiten der Deutschen, 14.- Euro
160. *Hunter S. Thomspon,* Die große Haifischjagd, 19.80 Euro
162. *Lester Bangs,* Psychotische Reaktionen und heiße Luft, 19.80 Euro
163. *Antonio Negri, Raf V. Scelsi,* Goodbye Mr. Socialism, 16.- Euro
164. *Ralf Sotscheck,* Nichts gegen Iren, 13.- Euro
165. *Wiglaf Droste,* Im Sparadies der Friseure, Sprachkritik, 12.- Euro
166. *Timothy Brook,* Vermeers Hut. Der Beginn der Globalisierung, 18.- Euro
167. *Zippert,* Was macht eigentlich dieser Zippert den ganzen Tag, 14.- Euro
171. *Harry Rowohlt, Ralf Sotscheck,* In Schlucken-zwei-Spechte, 15.- Euro
173. *einzlkind,* Harold, Toller Roman, 16.- Euro
174. *Wolfgang Pohrt,* Gewalt und Politik, Ausgewählte Schriften, 22.- Euro
176. *Heiko Werning,* Mein wunderbarer Wedding, 14.- Euro
177. *Wiglaf Droste,* Auf sie mit Idyll, 14.- Euro
178. *Kinky Friedman,* Zehn kleine New Yorker, 15.- Euro
179. *Christian Y. Schmidt,* Zum ersten Mal tot, 14.- Euro
180. *Jane Bussmann,* Von Hollywood nach Uganda, 20.- Euro
181. *Ralph Rumney,* Der Konsul. Autobiographisches Gespräch, 16.- Euro
182. *Sue Townsend,* Adrian Mole. Die schweren Jahre nach 39, 18.- Euro
183. *James Lever,* Ich, Cheeta. Die Autobiographie, Roman, 18.- Euro
184. *Guy Debord,* Ausgewählte Briefe. 1957-1994, 28.- Euro
185. *Klaus Bittermann,* The Crazy Never Die, 16.- Euro
186. *Hans Zippert,* Aus dem Leben eines plötzlichen Herztoten, 14.- Euro
187. *Fritz Eckenga,* Alle Zeitfenster auf Kippe, 14.- Euro
188. *Ralf Sotscheck,* Irland – Tückische Insel, 14.- Euro
189. *Hunter S. Thompson,* The Kingdom of Gonzo, Interviews, 18.- Euro
190. *Klaus Bittermann,* Möbel zu Hause, aber kein Geld für Alkohol, 14.- Euro
191. *Jim Dawson,* Die Geschichte von Motherfucker, 18.- Euro
192. *Heiko Werning,* Schlimme Nächte, 14.- Euro
193. *Hal Foster,* Design und Verbrechen, Schmähreden, 18.- Euro
194. *Kuper & Szymanski,* Warum England immer verliert, 18.- Euro
195. *Ry Cooder,* In den Straßen von Los Angeles, 18.- Euro
196. *Wiglaf Droste,* Sprichst du noch oder kommunizierst du schon? 14.- Euro
197. *Wolfgang Pohrt,* Kapitalismus for ever, 13.- Euro

# http://www.edition-tiamat.de